선생님과 함께 일기 쓰기

선생님과 함께 일기 쓰기

제1판 제1쇄 발행일 2012년 5월 15일
제1판 제4쇄 발행일 2017년 7월 12일

글_문현식
그림_홍윤표
기획_책도둑(박정훈, 박정식, 김민호)
편집_노정임
디자인_류미영

펴낸이_김은지
펴낸곳_철수와영희
등록번호_제319-2005-42호
주소_서울시 마포구 월드컵로 65, 302호(망원동, 양경회관)
전화_(02)332-0815
팩스_(02)6091-0815
전자우편_chulsu815@hanmail.net

ⓒ 문현식, 홍윤표 2012

* 이 책에 실린 내용 일부나 전부를 다른 곳에 쓰려면 반드시
  저작권자와 철수와영희 모두한테서 동의를 받아야 합니다.
* 잘못된 책은 출판사나 처음 산 곳에서 바꾸어 줍니다.

ISBN 978-89-93463-28-6 73810

철수와영희 출판사는 '어린이' 철수와 영희, '어른' 철수와 영희에게
도움 되는 책을 펴내기 위해 노력하고 있습니다.

어린이제품 안전특별법에 의한 기타 표시사항

제품명 도서 | **제조자명** 철수와영희 | **제조국명** 한국 | **전화번호** (02)332-0815 | **제조년월** 2017년 7월 12일 | **사용연령** 8세 이상
주소 04018 서울시 마포구 월드컵로 65, 302호(망원동, 양경회관)
주의사항 종이에 베이거나 긁히지 않도록 조심하세요. 책 모서리가 날카로우니 던지거나 떨어뜨리지 마세요.

선생님과 함께 일기 쓰기

글 문현식 그림 홍윤표

철수와영희

나와 함께 일 년의 시간을 곱게 쌓아올린 아이들.
그래서 한 권의 책을 만들 수 있게 해준 아이들에게 감사한다.

*이 책에 실린 아이들 일기는 문현식 선생님이 담임을 맡았던 일산 고봉 초등학교 2학년 아이들이 쓴 글입니다. 이 책에서는 아이들의 일기를 가공하지 않고 입말이나 사투리, 어색한 표현도 그대로 실었습니다. 그래서 있는 그대로의 아이들 글이 가지고 있는 솔직하고 꾸밈없는 생동감이 담겨있습니다. 다만, 어린이들이 읽는 것을 감안하여 어린이들이 흔히 틀리는 단어와 띄어쓰기는 표준국어대사전에 따라 고쳤습니다.

*이 책은 《엄마가 훔쳐보는 선생님 일기》의 개정판입니다. 이 책에 실린 일기는 2005년 3월부터 2006년 2월까지 한 해 동안 쓴 일기를 순서대로 실었습니다.

머리말

"선생님은 일기 안 써요?"

내가 결혼하고 한참 지났을 때야. 어느 날, 서울에 사시는 아버지께서 책장을 정리하다가 낡은 공책 한 권을 발견하셨다며 가지고 오셨지. 묘한 웃음을 지으시면서 건네주신 것은 내가 초등학교 때 쓴 일기장이었어. 일기장은 오랜 시간을 견뎌 낸 누렇게 바랜 모습이었지. 설레는 마음으로 일기장을 한 장 한 장 넘길 때마다 마음 저쪽에서부터 꽃이 하나둘 피어났어. 다 읽고 나니 어느새 마음속에 작은 꽃밭이 생겼단다. 꽃밭은 나를 행복하게 했어. 코끝이 찡했지.

일기장은 나보다 더 많은 것들을 기억하고 있었어. 어쩌면 기억 속에서 영원히 사라졌을지도 모를 시간과 어린 시절의 나를 고스란히 돌려주었어. 그 두툼한 일기장을 요즘도 가끔 펼쳐 보는데, 일기를 읽는 동안에는 교사가 된 지금의 나와 초등학생이었던 과거의 내가 마주하는 특별한 기쁨을 누릴 수 있지.

《선생님과 함께 일기 쓰기》는 교실에서 함께한 아이들과 내가 쓴 일기야. 아이들의 솔직하고 꾸밈없는 일기를 마주 보듯 읽고 나서 나도 일기를 썼어. 2학년 우리 반 아이들은 한 해 동안 하루하루 일기를 썼고, 나는 아이들의 일기장을 바라보았어. '읽었다'는 표현보다 '바라보았다'는 표현이 훨씬 정확할 것 같아. 일기에 대한 강요와 잔소리 없이, 뭉툭한 연필로 꾹꾹 눌러 솔직하게 말해 주는 아이들의 이야기를 들었어. 가끔은 아이들과 꼭 같은 마음으로, 가끔은 아이들에게 해 주고 싶은 말을 하며 아이들의 생활 속에서 함께 숨을 쉬었지. 아이들의 일기는 모두 순수해서 맑고 시원한 기운을 한없이 느낄 수 있었어.

《선생님과 함께 일기 쓰기》에는 우리 반 아이들과 나의 하루하루가 담겨 있어. 오래된 나의 일기장을 보듯이 이번 책을 내기 전에 다시 하나하나 읽다 보니 또다시 마음에 꽃이 피고 꽃밭이 생기고 행복해지더구나. 학교생활이 날마다 비슷비슷할 것 같지만 날마다 새롭고 특별한 날이었음을, 그리고 누구에게나 모두 소중한 날이었음을 일기를 보면서 다시금 배웠어. 이처럼 모든 일기장은 다른 책에서 배울 수 없는 배움을 주는 보물 창고야.

일기를 쓴다는 건 발자국을 남기는 것과 같아. 일기를 쓰면 지난 시절의 내 모습이 하얀 눈 위의 발자국처럼 찍혀 오늘의 나를 따라오지. 뒤돌아서 발자국이 시작된 곳으로 거꾸로 걸어가면 지난 시절의 나를 만날 수 있어. 아무리 뛰어난 기억력도 연필의 흔적에 미치지 못해. 글을 잘 쓰든 못 쓰든 오늘의 시간을 담은 일기는 오랜 시간이 지나더라도 나를 항상 또렷하게 맞이하는 소중한 또 하나의 내 모습이야. 그래서 지난 시절을 추억하고 싶다면, 흐르는 시간 속에서 나를 찾아가고 싶다면 우리는 오늘 일기를 써야 할 거야.

일기는 다른 사람에게 잘 보이려고 쓰는 글도 아니고 보여 주려고 쓰는 글도 아니지만 솔직하게 마음을 털어놓는 글이라서 모든 일기는 다른 어떤

글보다 소중해. 그리고 일기는 다른 사람을 위한 글이 아닌 자신만의 생활 기록이잖아. 내가 느끼는 기분을 그대로 표현할 수 있는 자신만의 공간이 일기장이고. 어떤 생각도 일기가 될 수 있고 무엇이든 쓸 수 있어. 하루하루 그런 생각이 쌓이다 보면 일기장은 지난날을 곱게 간직하는 나만의 보물 창고가 되지. 그러니까 일기는 매일 생각하는 시간을 갖고 꾸준히 쓰는 것이 가장 중요해.

날마다 일기 쓰기란 쉬운 일은 아니지. 매일 일기를 쓰는 우리 반 아이들은 내게 이렇게 자주 물어.

"선생님은 일기 안 써요?"

이제 우리 반 아이들의 일기와 그 일기를 마주하고 쓴 나의 일기를 꺼내 놓으려고 해.

"얘들아, 선생님도 일기 써!"

2012년 5월
일산에서 문현식

추천사

아름다운 다리 놓기

날마다 꼬박꼬박 일기를 쓰는 건 참 귀찮고 어려운 일이지요. 일기 쓰기가 지겨워 '난 일기 없는 세상에 살고 싶다'고 생각해 본 어린이들도 더러는 있을 것입니다. 그런데 다른 친구들이 쓴 일기장을 몰래 읽어 볼 기회가 생겼다면 어떨까요? 눈을 반짝반짝하며 친구의 일기를 열심히 읽어 보려고 하지 않을까요?

이 책에 실린 2학년 어린이들이 쓴 일기가 제겐 그랬습니다. 그 일기들은 누구한테 일부러 뽐내기 위해서 쓴 일기가 아닙니다. 길이도 길지 않고, 문장도 멋을 부려 쓴 일기들이 아닙니다. 그런데 그 일기를 쓴 어린이의 모습이 아주 생생하게 담겨져 있는 느낌이 들었습니다. 이는 무엇보다 자신의 마음을 있는 그대로 꾸밈없이 썼기 때문이 아닐까 생각합니다. 속마음을 하나도 감추지 않고 자기가 생각하는 것을 솔직하게 썼기 때문이지요. 그래서 이 어린이들의 일기를 읽다보면 '맞아! 나도 이런 적이 있었는데.' 하고 저절로 무릎을 치게 될 것입니다.

이 책에는 어린이가 쓴 일기만 있는 것이 아닙니다. 어린이가 쓴 일기 옆에 선생님이 쓴 일기가 함께 실려 있어요. 어린이들이 쓴 일기를 모아 놓은 책은 더러 본 적이 있지만, 이런 책은 처음 보는 책이 아닌가 싶습니다. 선생님이 쓴 일기라서 여러분이 읽기에는 좀 따분한 글이라 생각할지 모르지만, 선생님 일기를 가만히 들여다보면 이것이 괜한 잔소리를 하려는 글이 아니구나 하는 것을 이내 느끼게 될 것입니다. 선생님의 일기 또한 속마음을 잘 알아차릴 수 있게 쓴 글이기 때문입니다.

　일기를 쓰신 문현식 선생님은 어린이들이 쓴 일기를 한 편 한 편 진심으로 대하면서 그 일기 속에 담긴 어린이들의 마음을 누구보다 환히 헤아려 보려고 애쓰고 있어요. 또 선생님은 어린이들을 가르치며 느꼈던 심정을 있는 그대로 솔직하게 다 드러내 놓고 있습니다. 마치 어린이들이 그랬던 것처럼요. 저는 이런 문현식 선생님의 일기 글이 무척 반갑고 귀하게 느껴집니다.

　요즘 왕따다 학교폭력이다 큰 걱정거리가 생겨났습니다. 나는 이것이 무엇보다 사람 사이를 이어주는 마음의 다리가 끊어진 때문이 아닌가 생각합니다. 우리 어른들이 어린이들에게 공부, 공부만을 외치면서 저절로 그런 다리가 끊어진 게 아닌가 싶어요. 그 마음의 다리를 어떻게든 잇지 않고서는 학교가 앓고 있는 이 무서운 병이 사라지지 않을 것입니다. 저는 어린이와 선생님 사이에 오가는 일기 글이 마치 서로의 마음을 잇는 작은 사랑의 다리처럼 생각이 됩니다. 사람과 사람 사이에 이런 다리들이 자꾸 놓인다면 언젠가 저 무시무시한 걱정거리도 저절로 해결이 되지 않을까 생각합니다.

　이 책은 여러분 같은 어린이들뿐만 아니라 많은 어른들이 함께 읽으면 좋겠습니다. 그래서 이런 아름다운 다리 놓기가 계속 퍼져나가길 바랍니다. 다른 사람에게만 바랄 것이 아니라 저도 당장 문현식 선생님처럼 어린이들의 일기를 좀 더 정성들여 살피고 떠오르는 생각들을 제 일기로 적어봐야 하겠습니다. 그것만큼 좋은 선생님이 되는 지름길이 더는 없을 테니까요.

2012년 5월 아동문학 평론가 김제곤

차례

머리말 5

추천하는 말 8

1 첫인상

첫인상 16

반장 20

식물과 이야기하기 23

정장 입은 날 27

학교 앞 문방구 30

고추와 가슴 33

점심시간 36

다시 태어난다면 39

행복 42

상을 못 받은 까닭 45

수업이 게임이라면 49

오해 53

2 목 조른 사람, 목 졸린 사람

말하지 못하는 것　58

먹는 것에 약하다면　61

친구　65

게임 중독　69

목 조른 사람, 목 졸린 사람　72

구구단　76

생일 초대　79

나도 그냥 그런 사람이야　81

부루퉁한 날　85

엉뚱함과 창의력의 차이는?　88

어머니　92

이럴 때 혼내야 할까?　96

요즘 아이들　100

거짓말　104

3 초딩은 억울하다

김밥 110

행복하니? 112

짧은 일기 116

초딩은 억울하다 120

전학 가는 날 124

형아와 나 128

동요 시대에서 가요 시대로 132

일기 쓰기 싫은 날 136

낯선 경험 139

웃음 143

어디서 웃어야 할지? 146

학예회 150

번개팅 154

기나긴 아침 157

인권 침해? 161

4 첫눈 오는 날

판결은 없다　166

상을 받는다는 것　170

맘대로 안 되는 일　173

작은 키로 고민하는 아이들에게　177

첫눈 오는 날　180

시험 끝나기 5분 전　183

눈싸움　186

미지근한 물과 따뜻한 물　189

쉬는 시간에 쉰 사람?　192

일기 쓰기　195

수학의 저주　198

겨울방학　202

할머니 생각　206

모두 다 100　209

마음으로 이해하기　212

*학부모님께

아이와 함께 일기 쓰기　216

1
첫인상

첫인상
3월 2일 수요일

　오늘은 2학년이 되는 날이다. 김정호 선생님하고 헤어져서 정말 아쉽다. 그리고 가장 친한 친구 고병휘랑 같은 반이 되는 줄 알았는데 안 됐다. 정말 아쉬웠다. 그래도 2학년 첫날이 와서 기쁘다! 새로운 친구도 많이 생겼다.

　우리 선생님은 남자 선생님이다. 이름은 문현식 선생님이다. 우리 아빠는 46세인데 선생님은 26세처럼 보였다. 나는 젊은 선생님이 좋다. 우리 아빠도 젊었으면 좋겠다. 아빠가 결혼을 빨리 했으면 아주 많이 젊었을 텐데.

우남원

선생님 일기

　3월 2일, 우리 반 아이들과 처음 만났다. 첫인상이 결정되는 중요한 시간이다. 맨 앞줄에 한 남자아이가 엎드려 있었다. 나와 눈도 마주치지 않았다. 첫날인데 학교 따위에는 전혀 관심이 없는 듯 한참을 그렇게 엎드린 채로 있었다.
　'음……, 이름이…… 우남원. 첫날부터 나에게 관심이 없어 보이는데? 말 한 마디 하기 힘들겠어.'
　그 아이에 대한 첫인상은 그렇게 기억되었다.

　다음 날 급식 시간.
　우리 학교는 1학년 때는 급식을 하지 않았기 때문에 막 2학년이 된 아이들에게 매우 흥미로운 시간이다.
　하지만 남원이는 급식 시간에도 별로 즐거워하지 않았다. 밥도 먹는 둥 마는 둥 천천히 먹으면서 시계를 쳐다보며 빨리 집에 가고 싶어 하는 모습이었다.
　그러던 남원이가 밥을 먹다 말고 갑자기 내 책상 앞으로 걸어 나왔다. 그리고 무표정한 얼굴로 내 귀에 조용히 속삭였다.

"선생님, 부탁이 있는데요."

뭔가 어려운 부탁을 할 목소리였다.

"응, 뭔데?"

"급식 시간을 3시까지 하면 안 될까요? 밥이 맛있는데."

밥을 먹으면 12시 30분, 곧 집으로 갈 시간인데 3시까지 급식을 하자는 부탁이었다. 새 학년이 시작된 지 이제 둘째 날이다. 아직은 서로 어색한 점심시간, 남원이는 나에게 가장 먼저 말을 건 아이가 되었다.

그 뒤로 남원이는 내 앞에 불쑥불쑥 나타나 여러 가지 부탁을 한다.

"문방구에서 뭐 사게 500원만 주세요. 진짜 갖고 싶은 총이 있는데 선생님이 사서 선물로 주세요. 선물로 줄 수 없으면 종이로 만들어 주세요. 급식할 때 고기 나오면 많이 주세요. 방학 때 학교에서 수업해요. 네?"

첫인상은 만난 지 단 3초 만에 결정되고 사람의 뇌에서 가장 오래 기억된다고 한다. 첫인상이 평생을 좌우한다는 무시무시한 말이 서슴없이 오고가기도 한다. 하지만 첫인상이 언제나 평생을 가는 것은 아니다. 남원이가 첫인상과는 다르게 누구보다 밝고 활발하게 학교생활을 하며 자신을 키워 나가고 있는 것을 보면 말이다.

속지 말자, 첫인상. 첫인상은 처음의 인상일 뿐이다.

반장

3월 4일 금요일

　부반장이 됐다. 나는 기분이 좋았다. 단지 번호가 맨 첫 번째라는 이유로 부반장이 되었으니까. 반장은 '엄호용'이라는 남자아이다. 내가 처음으로 부반장이 된 게 너무 기뻤다. 내 인생에 최고로 기쁜 일이었다. 내 마음속은 '얼른 학교가 끝나면 엄마, 친구들에게 자랑해야지…….'라는 생각으로 가득 차 있었다. 급식 시간에도 온통 '친구들과 엄마에게 얼른 자랑해야지.'라는 생각으로 가득 찼다. 드디어 집에 가는 시간이다. 나는 2-5반 수지에게 먼저 자랑해야지 생각을 하고 2-5반으로 갔다. 마침, 김지영이 있어서 수지에게 내가 부른다고 얘기를 했다. 수지가 내게 달려오면서 "오랜만이다. 수진아." 하고 인사를 했다. 나는 "수지야, 집에 같이 가자."라고 얘기했다. 하지만 청소해야 한다며 거절을 했다. 하지만 오늘은 즐거운 날이었다.

　　　　　　　　　　　　　　　　　　김수진

선생님 일기

보통 초등학교 1, 2학년의 학급에는 반장이 없다. 반장의 역할을 맡기엔 아이들이 아직 어리기 때문이다.

그러나 아침에 누군가의 인사 없이 수업을 시작하기가 어색했다.

"안녕? 오늘도 하루가 시작되었구나."

"얘들아, 안녕? 어제 무슨 일이 있었는지 말해 볼까?"

이렇게 내가 먼저 인사할 수도 있지만 수업을 시작하는 우렁찬 목소리가 없다보니 어째 김빠진 사이다 같다. 그래서 '인사하기 반장'을 뽑기로 했다. 반장의 말에 귀 기울여 다 같이 교사와 아이들이 서로 인사하는 것은 수업하기 전 어수선한 교실 분위기를 다잡는 좋은 방법이다.

"차렷!"

"열중쉬어!"

"차렷!"

"다 함께 인사!"

이렇게 반장의 큰 목소리에 맞춰 인사를 하는 우리 반의 모습을 떠올리며 반장과 부반장을 뽑았다. 남자 1번 엄호용을 반장으로, 여자 1번 김수진을 부반장으로 뽑았는데, 뽑힌 아이들이 굉장히 좋아했다. 그냥 1번이라 뽑았을 뿐인데도 좋아하는 아이들을 보니 1번이 아닌 다른 아이들한테 괜히 미안해져서, "1번부터 일 주일씩 돌아가면서 하는 걸로 하자."고 말했다.

당장 오늘 아침부터 인사를 해보자는 생각에 반장이 된 호용이를 보며 말했다.

"그래, 오늘부터 반장은 아침에 인사를 하고 부반장은 집에 갈 때 인사를 하자. 반장이 한번 큰 목소리로 인사해 볼까?"

반장 호용이가 자리에서 일어났다. 호용이는 주위를 두리번거리더니 혼자 큰 소리로 말했다.

"선생님, 안녕하세요!"

"하하하."

나는 크게 웃어 버렸다. 그런데 웃는 사람은 나 혼자였다.

'아차, 아이들이 반장은 처음이지.'

나 혼자만 '차렷, 열중쉬어!' 같은 우렁찬 목소리를 기대하고 있었던 것이다.

호용이는 인사하는 방법을 몰랐지 인사는 알고 있었다.

경험에서 지혜가 나오고 경험을 통해 사람은 성장한다. 일 년 동안 서로 부딪히며 경험을 통해 지혜로워져야 할 아이들이 내 앞에 있음을 깨달으니 어깨가 무거워졌다.

식물과 이야기하기

3월 11일 금요일

　　김수진 : 알로에 선인장아! 너는 우리 집에서 자라는데 어떻게 싹을 두 개나 피울 수 있니? 너를 보고 내가 깨달은 점이 있어. ①아무리 힘들어도 싹을 피우기 위해 열심히 온 노력을 쏟았고, ②너는 너의 잎으로 맛있는 알로에 주스를 만들어 줬어. 너도 언젠간 죽는 날이 있겠지만 심심할 땐 너랑 말동무가 되어줄게.

　　알로에 : 수진아! 너의 마음은 고맙지만 난 마음으로밖에 얘기를 못해. 네가 나에게 정신을 집중하면 나랑 말을 할 수 있을 거야.

　　김수진 : 알로에야! 너는 걷지 못하지만 다음 태어날 땐 꼭 사람이 되면 좋겠어. 너랑 이야기도 쉽게 하잖아.

　　알로에 : 수진아! 그 마음은 고마워. 하지만 난 죽으려면 한참 멀었어.

　　김수진 : 그래, 죽을 때까지 나랑 같이 살자. 언제까지나 영원히.

선생님 일기

집에 있는 화분과 이야기를 나누고 오라는 숙제를 내 주었다.
"선생님, 어떻게 식물과 대화를 해요?"
말도 안 된다는 아이들한테 말했다.
"마음으로 할 수 있지."

아프리카의 어떤 부족은 너무 크거나 쓸모없는 나무가 있으면 마을 사람들이 모두 모여 그 앞에서 소리를 지른다고 한다.
"우리는 네가 필요 없어!"
"넌 죽어야 해!"
"난 네가 싫어!"
그렇게 하면 신기하게도 멀쩡하던 나무가 갑자기 시름시름 앓으면서 몰라보게 빨리 죽어 버린다. 그 반대도 마찬가지다. 사랑스럽게 쳐다보며 아끼고 보살피면 비실비실하던 나무가 다시 생기를 찾는다.

우리 조상들은 세숫대야를 비롯하여 베개, 담배통, 신발, 칼, 거울 등등 온갖 살림살이에 자신의 이름을 새겨 넣었다고 한다. 고려 시대 최고의 문인인 이규보는 자신이 쓰는 물건에 마음을 담은 글을 쓰기 좋아하여 작은 벼루에는 이런 글을 새겨 넣었다.

"벼루야! 벼루야! 네가 작은 것은 네가 부끄러워할 일이 아니야. 너는 조그만 웅덩이에 불과해도 끝없는 내 상상력을 펼치게 돕는구나! 벼루야! 나는 너와 함께 가리니, 삶도 너와 함께, 죽음도 너와 함께!"

하물며 물건과도 친구가 되는데 생명이 있는 식물과 친구가 되지 말라는 법은 없다. 하지만 이 숙제를 내고서 난 초조하다. 아이들이 식물과 대화를 잘 할 수 있을지 걱정이 된다. 아예 하지 않는 아이들도 있을 것이다. 왜 대화를 해야 하는지 몰라 짜증을 내는 아이들도 있을 것이다. 하지만 화분에 말을 건 아이들이 몇 명은 있을 것이다. 그 가운데 말이 잘 통한 한둘은 화분과 친구가 되었을 것이다.

> '식물과의 대화? 사실 힘들잖아.'
> 나는 마음을 비우고 숙제에 대한 욕심을 반으로 접었다.

같은 주제의 다른 어린이 일기

  3월 9일 수요일

　선생님께서 알림장에 식물과 이야기를 해보라고 하셨다. 식물은 마음속으로도 말을 안하는데 선생님은 왜 식물하고 말을 하라 했을까? 그런데 선생님께서는 어젯밤에 식물하고 이야기 했다는데 그게 사실일까? 또 눈사람하고도 이야기를 했다는데 그것도 사실일까? 나는 왜 식물하고 이야기를 못하는 것일까?

(김지석)

정장 입은 날

3월 12일 토요일

　아침에 일어나서 학교를 갔다. 근데 선생님이 양복을 입고 있었다. 선생님이 왜 양복을 입었나 하고 생각했다. 선생님이 출장을 가서 양복을 입었던 거다. 그런데 선생님은 어디로 출장을 가는 걸까?

　　　　　　　　　　　　　　　　　　　이희원

선생님 일기

　흰 와이셔츠를 입고 넥타이를 매고 정장 차림으로 학교에 가면 아이들이 이상하다는 듯 물어 본다.
　"선생님, 왜 양복 입고 오셨어요?"
　"오늘 출장 가세요?"
　가끔은 큰 소리로 외치기도 한다.
　"선생님 오늘 데이트한다!"
　"선생님 오늘 바람피운다!"
　아이들한테나 나한테나 정장은 낯선 모습이다. 이런 반응이 있을지 알기 때문에 아침에 정장 차림으로 학교에 출근하려면 마음을 다잡는다. 정장이 잘 어울리는 멋진 신사 분위기를 내며 일하고 싶을 때가 있다. 하지만 아이들은 내 패션을 용납하지 않을 것이다. 가끔은 교사도 의사처럼 가운이나 학생들처럼 교복을 입으면 편하겠다는 생각을 한다.

집에 있는 정장 중에 찢어진 것이 두 벌 있고 물감이 튄 것이 한 벌 있다. 아이들이 잡아당겨 상의가 찢어졌고 하의는 교실 앞에서 아이들과 이리저리 움직이다가 칠판 모서리에 걸려 찢어졌다. 물감이 튄 건 미술 시간에 빨간 물감이 묻은 것이다. 맘먹고 비싼 돈 주고 샀는데 지워지지 않아 버리지도 입지도 못한다.

가끔 출장을 가느라 정장을 입으면 조심스러워진다. 쉬는 시간에 아이들이 다가오는 게 신경 쓰이고, 그리기나 꾸미기를 지도할 때는 한 발 물러서게 된다. 급식 뒤처리나 청소를 할 때도 불편하기만 하다. 그래서 간편하고 활동적인 옷차림을 좋아한다. 교사의 복장에 대해 별다른 말씀이 없는 교장 선생님이 고마울 따름이다.

> 교사가 입는 옷이 허름해 보여도 품위 따위나 패션 감각과 연관시켜 촌스럽다 하지 않길 바란다. 허름한 만큼 아이들과 가깝다.

학교 앞 문방구

3월 30일 일요일

오늘은 문방구에서 장난감 기타를 샀다. 소리가 잘 안 나서 효자손에 구부러진 부분으로 기타 줄을 당겨서 화살놀이도 하고 줄 안에 손을 넣어서 검으로도 사용했다. 근데 왜 소리가 안 나지? 고장 났나?

김성준

선생님 일기

　학교 앞 문방구에는 없는 것이 없다. 먹을거리는 기본이고 유행하는 물건이란 물건은 죄다 판다. 미술 시간에 필요한 준비물을 몰라도 걱정할 필요가 없다. 주인아주머니한테 학년만 말하면 그 날의 준비물을 알아서 챙겨 주신다. 군것질거리는 아이들의 주머니 사정을 생각해서 판다. 유명 상품의 맛과 모양을 정교하게 흉내 낸 과자를 싸게 팔기도 하고, 통째로 사기에 비싼 물건은 뜯어서 낱개로 팔기도 한다.

　다른 곳에서 살 수 없는 문방구에서만 파는 물건도 많다. 학교에 반지를 끼고 오는 아이들이 많아 어디서 샀냐고 물었더니 문방구에서 샀다고 했다. 금반지 하나에 500원이라서 한 손가락에 두세 개 끼고 다니는 아이들도 있다. 돈 없는 우리 가난한 '초딩' 커플을 위해 커플링도 1000원에 판다.

　바이오 목걸이와 팔찌가 유행했을 때도 아이들은 유행에 뒤쳐질세라 바이오 목걸이, 팔찌를 너도 나도 차고 다녔는데, 다들 문방구에서 500원에 샀다고 했다. 자세히 살펴보니 건강과는 상관없는 이름만 바이오인 100퍼센트 고무일 뿐이었지만.

> 학교 앞 문방구는 유행 1번지다. 명품이 사고 싶다면 학교 앞으로 오라. '짝퉁' 명품을 싸게 살 수 있다.

고추와 가슴

4월 11일 월요일

인형 목욕을 했다. 어떻게 하는 거냐면 인형하고 같이 목욕을 하는 거다. 나는 토끼를 갖고 목욕을 하고 형아는 강아지를 갖고 목욕을 했다. 토끼에다 비누를 바르고 강아지에다도 비누를 발랐다. 그다음에는 물을 묻히고 우리가 씻었다. 인형도 깨끗해지고 우리도 깨끗해졌다. 나중에도 했으면 좋겠다.

황지석

선생님 일기

　수업 중에 목욕, 속옷, 샤워 같은 말이 나오면 괜히 소리를 지르는 아이들이 있다. 그 모습에 나까지 덩달아 웃음이 나올 때가 있다.
　'고추'랑 '가슴'은 더하다. '고추잠자리'라는 말만 나오면 야단법석이다. 고추밭, 고춧가루, 고추잠자리처럼 '고추'를 듣는 순간 남자아이들로부터 시작된 웅성거림으로 교실이 묘한 분위기로 바뀌면서 시끄러워진다. 나도 괜히 웃음이 피식 나온다. 참 이상하다. 하나도 안 웃긴 말인데, 아이들이 그러면 나도 아이들과 같은 마음 상태로 변할 때가 있다.
　평범한 말이지만 항상 레이더를 돌리며 감시하던 아이들은 기다렸다는 듯 순간 포착, 나름대로 의미를 부여하여 민감하게 말에 반응한다. 그래서 말을 할 때 단어를 골라 쓰게 된다. 그 때문에 '고추'가 들어가는 단어는 점점 아이들이 쓰는 시의 소재에서 멀어져 가고 있지 않나 하는 생각도 든다.

　'가슴'도 그렇다. 마음, 포부 등을 나타낼 때 자주 쓰는 단어인 '가슴'에도 매우 민감하다. '가슴을 펴고', '가슴속에', '가슴을 열어' 등이 나오기만 하면 역시 난리다. 그런 유머에는 난 반응하지 않으려고 참는다. 그때 내가 웃기라도 하면 아이들한테 변태라는 말을 듣기 때문이다. 게다가 두고두고 기억했다가, 내 기억이 가물가물할 때쯤 다시 말해 준다. 한 번 잘못 걸리면 레이더를 돌리는 아이들에게 일 년 내내 변태로 찍힐 수 있다.

웃음을 참다가 한 박자 늦게 터뜨리면 더 심한 변태 취급을 받을 수 있다는 점을 항상 조심해야 한다.

점심시간

4월 16일 토요일

　오징어튀김을 해 먹었다. 간장에 찍어 먹는 맛이 엄청 기가 막힌다. 정신없이 먹다 보면 오징어튀김이 수북이 쌓여 있던 그릇은 어느새 비어 있고 우리는 아쉬운 듯이 손가락을 쪽쪽 빨고 있었다. 역시 엄마가 만든 오징어튀김은 아무도 따라 할 수 없다. 나는 엄마에게 요리를 열심히 배워서 엄마처럼 맛있는 요리를 만들 거다.

김수진

선생님 일기

토요일에 수진이가 집에서 좋아하는 음식을 맛있게 먹었나 보다. 아이들이 급식을 맛없어 하기도 하지만 그래도 아이들이 가장 좋아하는 시간은 점심시간이다. 그래서 점심시간이라는 말 앞에는 항상 '기다리던', '즐거운' 이라는 수식어가 따라 붙는다.

담임을 맡아서 안 좋은 점이 있다. 이 사실을 알면 아이들은 놀라겠지만, 그건 바로 아이들과 항상 밥을 같이 먹어야 한다는 점이다. 아이들과의 점심도 즐겁지만 가끔은 어른들과도 먹고 싶다. 아이들이 친구들과 먹는 것처럼 말이다. 오늘 신문에 난 뉴스도 얘기하고 밥을 먹고 나서는 조용한 음악을 들으며 차를 마시며 대화를 나누고 싶은 마음이 간절하다.

초등학교 담임선생님들은 정해진 급식을 혼자 묵묵히 서둘러 먹는다. 처음엔 아이들을 한 명씩 앞에 앉히고 대화를 하며 같이 먹어도 봤지만 어색하고 불편해 한다. 먹은 다음 바로 교실 청소도 끝내야 하는 급식 사정상 이야기하며 천천히 먹기는 쉽지 않다.

오늘도 급식을 혼자 묵묵히, 35명의 아이들 쪽을 향한 채 우물거리며 먹었다. 먹으면서 아이들에게 오늘의 뉴스에 대해 말할 수 없으며 어제 읽었던 소설에 대해 말할 수 없다. 조용한 음악을 듣는 대신 아이들의 큰 웃음소리를, 식사 후에 따뜻한 차를 마시는 대신 아이들의 식판을 정렬해야 한다.

아이들 점심시간에 끼어들 수 없는 나는 늘 겉돈다. 같은 교실, 같은 점심시간이지만 아이들만큼 즐겁진 않다.

여느 시간보다 소란스럽고 즐거운 점심시간, 나는 가끔 외롭다.

다시 태어난다면
4월 23일 목요일

오늘은 물고기를 샀다. 근데 내 동생도 같이 샀는데 사자마자 막 흔들어서 나는 그 물고기가 죽는 줄 알았다. 근데 나는 다 크면 바다나 강에 놔 줄 것인데 아빠는 매운탕을 끓여서 먹는 댄다. -.-(진짜~)

김성준

선생님 일기

수업 시간에 성준이가 자기 집에 있는 물고기에 대한 시를 써 냈다.

물고기
　　　　(김성준)

물고기는 참 좋겠다
물속에는 선풍기가 없어도 되니까

물고기는 참 좋겠다
물속에는 수영을 맘껏 할 수 있으니까

물고기는 참 좋겠다
물속에는 매일 깨끗하니까

다시 태어난다면 어떤 모습으로 태어나고 싶은지 아이들한테 물어 보았다. 가장 많은 아이들이 원했던 것은 강아지다. 전혀 예상하지 못했다. 요즘 아이들이 강아지를 무척 좋아한다는 것을 알고는 있었지만 그래도 이 정도일 줄은 몰랐다. 인간보다 강아지의 삶을 선택한 것은 지금 아이들이 자신의 삶을 어떻게 바라보고 있는지에 대한 대답은 아닐까 연결지어 생각해 보니 충격과 함께 씁쓸한 생각이 든다.

내가 어렸을 때 강아지로 태어나고 싶다고 말하는 친구는 보지 못했다. 왜 '강아지'란 말인가. 녹슨 철망 속의 누렁이와 떠돌이 점박이와 가정집 요크셔테리어를 모두 '강아지'라고 일컫는 나와, 집에서 사랑받는 아담하고 귀여운 '강아지'만 강아지라고 말하는 요즘 아이들의 생각 차이일까? 아니면 허름한 누렁이와 점박이지만 어쩌면 인간보다 더 행복할지 모른다는 상상? 그건 모를 일이다. 어쨌든 강아지로 태어나고 싶다는 용기(?)가 놀랍다.

알아 보니 강아지로 태어나고 싶은 가장 큰 이유는 '참 귀여워서'였다. 아이들이 귀여움을 받지 못하는 걸까? 더 귀여움을 받고 싶은 걸까? 충분히 귀여운데 말이다.

개들에게 물어 보고 싶다.
" 다시 태어난다면 사람으로 태어나고 싶은 개 손 들어 봐!"

행복
4월 31일 목요일

　오늘은 엄마 생신이다. 아빠가 지방에 출장을 가서 엄마가 미역국을 끓이지 않았다. 저녁에 외할아버지와 외할머니와 '서울갈비'에 가서 저녁을 먹고 집에 왔는데 아빠가 생신 축하한다고 꽃바구니 배달을 시킨 것이다. 그런데 엄마는 기뻐하지 않고 돈으로 주면 필요한 거나 사지 하면서 투덜투덜 하신다. 엄마는 좋으면서 화를 낸다.

임수진

선생님 일기

내가 초등학교 2학년 때 수진이와 같은 일을 겪었다면 아마 이렇게 일기를 쓰지 않았을까?

아빠가 엄마 생일을 축하한다고 꽃바구니를 배달시킨 것이다.
그런데 엄마는 "돈을 주지." 하면서 투덜거렸다.
엄마는 꽃을 싫어하나 보다.

아이들의 일기를 보면서 초등학교 2학년이지만 참 속이 깊고 넓다는 감탄을 한다. 좋으면서 화를 내는 것과 같은 깊은 뜻을 짧은 문장으로 담아내는 기술은 아이들 일기에서 볼 수 있는 특징이다.

서로가 서로에게 행복의 통로가 되려면 숨은 말과 숨은 마음을 잘 알아야 하는데 그 길엔 녹녹치 않은 어려움이 있다. 드러나지 않는 말을 어떻게 볼 수 있을까? 그렇다면 교실에서 자기를 표현하지 않으면서 생활하는 아이들을 나는 제대로 보고 있는 걸까? 말하지 않는 아이의 말과 마음을 모두 이해한다는 건 가능하기나 한 일인가?

가르치는 사람이기 때문에 아이들을 모두 훤히 알고 있다는 착각은 위험하다. 교사일지라도 아이에 대해 함부로 규정할 수 없으며 쉽게 단언할 수 없다. 오늘 하루도 아이들에게는 성장하는 과정의 한 순간이다. 다만 함께 지내면서 더 이해하고 알아갈 뿐이다.

교실에서는 좀처럼 드러내지 않던 숨은 말과 숨은 마음이 일기장 위로 흘러가며 흔적을 남긴다.

아이들의 일기를 훑어보면 일상이 담겨 있다. 내용은 주로 일상의 소소한 행복이며 주변 사람에 고마움과 감사, 즐거운 날의 기록이다. 힘들고 괴롭던 일의 기록은 연달아 이어지지는 않는다. 숨은 말과 숨은 마음을 아이들은 맑은 시선으로 잘 알아내고 자연스럽게 일기로 담아내며 그럴 때마다 행복의 시간은 늘어나고 있는 것이다.

아이들이 어떤 절망에 부닥친 날, 사는 게 힘들다고 생각될 때 일기장을 펴 보며 그래도 행복한 날들이 더 많았음을 느꼈으면 좋겠다.

상을 못 받은 까닭

5월 2일 월요일

　표창장을 학교에서 주었다. 그런데 왜 여자만 줄까? 과학 상상 그리기 할 때도 여자 주고 요번에는 병주 빼고 다 여자만 준다. 그게 나는 희한하다. 병주가 감기에 걸렸다는데 괜찮을까? 빨리 나았으면 좋겠다.

　　　　　　　　　　　　　　　　김지석

선생님 일기

지석이의 말처럼 우리 반에서 상을 받는 아이들은 남학생보다 여학생이 많다. 아이들 수는 남학생이 더 많은데 왜 여학생이 상장을 더 많이 받을까에 대해 정리해 보았다.

여학생이 상을 더 많이 받는 이유

	남학생	여학생
그림 그리기	대충 한 번에 그린다.	여러 번 생각하고 그린다.
글짓기	대충 생각나는 대로 쓴다.	여러 번 생각하고 쓴다.
독후감	책은 잘 읽는데 정리 안 하고 쓴다.	책을 잘 읽고 정리한 뒤에 쓴다.
상에 대한 열정	욕심은 조금 있다.	의욕을 갖고 상을 타기 위해 열심히 한다.
상을 못 받으면	선생님이 왜 상을 안 주는지 궁금해 한다.	다음 기회엔 더 열심히 하자고 다짐한다.
상을 받으면	왜 받는지 몰라 어리둥절해 한다.	다음 기회에 또 받자고 다짐한다.

늘 이런 것은 아니지만 대개 이렇다. 여학생이 상을 더 많이 받는 가장 큰 이유는 상에 대한 관심이 남학생보다 크기 때문이다. 관심이 있으면 의욕이 생기고 의욕을 가지고 열심히 하다 보니 결과도 좋다.

남녀의 학업 성취에 관한 최근 신문 기사를 읽었다. 미국의 전통 명문대에서 남녀 신입생 비율은 이제 여학생이 더 높으며, 학위를 딸 확률과 상을 받을 확률도 여학생이 더 높아졌다고 한다. 이러한 결과는 남학생은 공부에 쏟는 시간이 적고 사교 활동에 치중하는 경향이 있으며, 남자는 게으르고 안절부절 못하며 산만하다는 남성성의 특징이 있기 때문이란다.

우리 아이들도 벌써부터 그런 조짐을 보이고 있다.

초등학교 교실의 시상식 풍경,
같은 실력인데 대회 날에 열심히 해서 상 타는 여학생과 대충해서 상 못 받는 남학생.

수업이 게임이라면

5월 7일 토요일

　오늘은 운동회, 아니, 어린이날 기념 체육대회지……. 난 달리기를 할 때랑 응원할 때가 좋다. 왜냐면 달리기를 할 때 속이 뚫리기 때문이다. 응원할 때는 유명해졌다(내 주위에 사람이 많아). 근데 중간에 엄마가 와서 얘기를 하느라고 응원을 못해 우리 팀 모두에게 미안했다. 달리기하기 전에 심장이 막혔는데 달리기를 하니까 심장이 확 뚫렸다. 3등을 해 너무 아깝다. 더 열심히 달렸더라면 후회가 조금 된다.

김병훈

선생님 일기

아이들은 순간 뭔가에 쉽게 빠져든다. 이렇게 몰입할 수 있다는 것이 아이들의 장점이다. 뭘 해야겠다는 생각과 의지로 그렇게 되는 것이 아니라 그냥 그 순간에 빠져 버린다.

병훈이의 막혔던 심장이 달리기를 할 때 확 뚫리듯이 심장이 터질 정도로 달릴 수 있다. 몰입 상태에서는 한 가지 목표를 위하여 자기가 할 수 있는 최대 능력을 발휘하게 된다. 그래도 '더 잘할걸.' 하며 아쉬워하는 게 아이들이다.

수업 시간, 아쉽게도 공부로의 몰입이 아닌 다른 몰입이 일어난다. 공상에 빠진 아이는 푸욱 잠겨 헤어나지 못한다. 조금 전 쉬는 시간에 읽던 책에 빠진 아이는 아직도 그 책을 읽는다. 손톱을 물어뜯으며 다듬던 아이는 계속 손톱을 다듬는다. 그림을 그리고 싶은 아이는 필기 대신 그림을 그린다.

수업 시간에 그래선 안 되는 걸 아이들도 알지만 몰입의 순간에는 그런 생각이 나지 않는다. 내가 이름을 불러 줘야 공상의 시간에서 수업 시간으로 되돌아오는 아이가 많다.

　아이들은 한 가지에 몰입하면 다른 생각을 하지 않는다. 나처럼 술을 마시면서 술값을 생각하고 통장의 돈을 생각하고, 오늘 밤에 할 일을 생각하며 몇 시간이나 흘렀을까 시계를 보지 않는다. 아이들은 순간적으로 자신을 잊을 수 있는 몰입의 에너지를 가지고 있다.
　아이들은 저마다 자신의 관심 분야에 대한 몰입의 에너지를 가지고 있는데 선생님과 부모님은 우선 공부로 몰입하기만을 원하고 있어 조금 씁쓸하다.

몰입의 첫째 조건은 재미와 유익이다. 재미가 없다고 생각하는 순간 흥미는 떨어지고 유익하지 않다는 생각이 들면 집중력을 잃는다. 그렇다면 아이들을 공부에 재미를 느끼게끔 살살 몰입하게 만드는 것이 나의 할 일 아닐까? 수업이 아이들이 좋아하는 게임이면 효과가 있을까?

게임 명	수업
게임 가능 시간	수업 시간
게임 설명	교실의 모든 아이들이 함께 즐기는 게임으로 35명이 동시에 참여할 수 있다. 한 번에 40분씩 즐길 수 있다.
게임 방법	교실에 있는 괴물(선생님)을 40분 동안에 물리치면 이기는 게임으로 아이들이 발표를 하거나 문제를 풀면 선생님의 에너지가 줄어들게 된다. 괴물을 뚫어지게 쳐다보다가 눈이 마주쳐도 괴물의 에너지가 줄어든다. 괴물의 에너지가 모두 소멸되면 아이들은 영원한 자유를 얻는다.

주의 사항 : 괴물은 쉬는 시간마다 에너지를 다시 채울 수 있으니 절대 방심하지 마세요.

오해

5월 13일 금요일

　내 별명은 책벌레다. 책을 너무 좋아해서 붙여진 별명이다. 글씨가 많은 책도 재미있어 하며 읽는 것이다. 실은 나도 처음엔 책을 무지하게 싫어했었다. 그땐 책을 아예 쳐다보지도 않았다. 하지만 어느 날 500원짜리 동전이 책꽂이 안으로 들어갔다. 나는 동전을 찾으려고 책을 뒤졌다. 그때 나는 책의 내용이 눈에 들어오기 시작했다. 나는 그때의 그 과거를 신들께 감사드리며 열심히 책을 읽고 있다.

김수진

선생님 일기

　두 아이가 책을 열심히 읽고 있었다. 내가 옆에서 기웃거려도 집중하는 자세는 흐트러짐이 없었다. 아이들한테 꼭 '책벌레' 같다고 말했다. 그러자 한 아이가 갑자기 버럭 화를 냈다.
　"아니, 벌레라뇨? 아, 진짜 기분 나빠요!"
　말의 뜻을 오해한 것이다. 그래서 책벌레의 뜻을 잘 알려 주었다. 만약 책벌레라는 내 말의 뜻을 오해해 기분이 상한 채로 가만히 듣기만 했다면, 내 말 한 마디로 그 아이는 오랫동안 책을 멀리하게 되었을 수도 있다.

　쉬는 시간에 수연이와 얘기하는 중에 수연이가 갑자기 물었다.
　"나는 선생님을 좋아하는데, 선생님은 나 싫어하죠?"
　깜짝 놀라 되물었다.
　"무슨 소리야? 내가 왜 널 싫어해?"
　"저번에 선생님이 그랬잖아요. 나 싫다고."
　아무리 생각해 봐도 그랬던 기억이 없다.
　"자세히 말해 봐. 선생님이 정말 그랬단 말이야?"

그렇다면 책벌레 사건처럼 내 말을 오해했을지도 모르는 일이다 싶어 자세히 물어보았다.

예전에 수연이와 몇몇 아이들이 내 주변에 모여서 이 중에서 누가 제일 좋으냐고 물어본 적이 있다고 한다. 그런데 내가 다 싫다고 말하며 도망치듯 빠져나갔다고 한다. 그게 수연이에게 상처가 되어 남아 있었던 모양이다. 아마 복잡한 상황을 벗어나려고 농담으로 얼버무린 내 말을 진지하게 받아들인 것 같다.

나는 아주 좋아하면 싫어한다고 말하는 버릇이 있다며 수습하려 했지만 이미 수연이는 좀 삐쳐 있었다.

아이들과 나 사이에 생기는 오해는 바로바로 풀어야 한다. 안 그러면 나는 나도 모르게 나쁜 사람이 되어 버린다.

2
목 조른 사람, 목 졸린 사람

말하지 못하는 것

5월 15일 일요일

　스승의 날을 맞아서 좋다. 어제 아빠 차를 타고 왔는데 엄마한테서 전화가 와서 전화를 끊은 다음 아빠가 이렇게 말했다. ○을 주지 말고 ○○도 주지 말라고 했다. 그래서 ○과 ○○를 주지 않았다.

김△△

선생님 일기

　일기를 보는 내가 눈치 챌까 봐 직접 쓰지 않았지만 ○과 ○○는 아마도 누구나 생각하는 '돈'과 '선물'임이 틀림없다. 부모나 아이나 아직도 돈과 선물에서 완전히 벗어나지 못한 5월 15일의 현실이 느껴져 마음이 착잡해진다.

　스승의 날에 떠오르는 이야기가 있다.
　송나라 때의 일이다. 한 사람이 보석을 들고 재상을 찾아갔다. 값비싼 보석을 뇌물로 바치려는 것이었다.
　"이 보석은 희귀한 보석입니다. 재상께 드리고 싶습니다. 받아 주세요."
　재상은 대답했다.
　"나에게도 그에 못지않은 보석이 있습니다. 이런 값비싼 보석을 보고도 탐내지 않는 내 마음이 보석이지요. 만약 내가 그대의 보석을 받게 되면 그대도 값비싼 보석을 잃게 되고 나도 내 마음의 보석을 잃게 되니 어서 도로 가져가십시오. 나는 내가 가진 보석으로도 충분합니다."

이 말을 듣고 뇌물을 바치려던 사람은 조용히 돌아갔다. 결국 보석을 가져온 사람과 재상 모두 자신의 보석을 잃지 않게 되었다.

교육계에 대한 비판의 칼날을 뉴스에서 자주 보게 된다. 묵묵히 잘하고 있는 보통의 교사들에 대한 따뜻한 시선은 찾기 힘들다. 교육이 그만큼 중요하고 교사들에게 기대하는 게 크기 때문이겠거니 넘기다가도 스승의 날에 이렇게 막상 주인공으로 서는 자리는 늘 부담이 앞선다.

누구의 마음속에나 보석이 있다. 그 소중한 보석을 훔쳐가려고 하지 않았으면 좋겠다.

마음이 깃들지 않은 형식에는 아무런 의미가 없다.
스승의 날, 무럭무럭 자라는 제자들을 보면서 교사들이 진심으로 기뻐하며 재충전할 기회를 갖게 되길 바란다.

먹는 것에 약하다면

5월 19일 화요일

　부모님에 대한 사랑을 오늘 난 느꼈다. 딸들이 떼쓰고 울고 난리 피울 때는 헐크였지만 지금은 아니다. 부모님께서 호떡, 왕만두, 만두, 단무지를 사다 주셨기 때문이다. 평소에는 "안 돼, 저런 거 먹으면 비만이 생긴다."라고 말하시던 부모님이 사다 주시다니! 나는 느꼈다. 부모님에 대한 사랑을. 그것도 아주 깊이 느꼈다.

　　　　　　　　　　　　　　　　　　　　김수진

선생님 일기

　가장 짧은 시간 안에 아이들에게 좋은 사람이 되는 방법은 아이들에게 눈에 보이는 뭔가를 주는 것이다. 호떡, 왕만두, 단무지를 사다 준 엄마처럼 말이다. 이 방법은 아이의 어깨를 토닥인다거나, 감동적인 말 한 마디를 건넨다거나, 함께 있는 것보다 더 쉽고 빠르게 효과를 거둘 수 있다.

　교실에서도 그렇다. 의욕을 앞세워 수업하고 아이들과 함께 고민할 때는 몰라주다가, 과자나 사탕을 주거나 선물을 주면 아이들은 금방 좋아한다. 가끔은 주면서도 얄밉다.

　어느 학교에 엉뚱한 학생이 하나 있었다. 그 학생은 시험만 보면 다른 과목은 모두 낙제 점수인데도 수학만큼은 언제나 만점을 받았다. 수학 하나만 보면 가히 천재라고 하겠는데 다른 과목이 형편없으므로 학교 측에서는 골치가 아팠다. 그렇다고 퇴학을 시키자니 놀랄 만한 수학 두뇌가 아깝지 않을 수 없었다. 그래서 생각다 못 한 선생님이 그 학생을 불러 이렇게 말했다.

　"자네 수학 점수는 정말 놀랍네! 자네는 천재야! 다른 과목도 포기

하지 말고 수학처럼 열심히
해 보게. 자네는 틀림없이
성공할 거야!"

다른 과목의 점수가 형편없는 통에 풀이 죽어 있던 그 학생은 선생님의 위로에 그만 감격하고 말았다. 퇴학당할 날만을 이제 나저제나 기다려야 할 처지에 오히려 칭찬을 받았으니 그럴 만도 했을 것이다. 이 엉뚱한 학생이 바로 아인슈타인이다. 선생은 아인슈타인이 평생 은인으로 모셨던 헬츠라는 분이다.

> 교사는 학생과 가장 가까이에 있고, 교실은 아이들의 잠재력을 이끌어내는 공간이다. 사탕과 과자가 너희에게 필요하다면, 가끔 지갑을 열게.

> 같은 주제의 다른 어린이 일기

 8월 17일 수요일

오늘 저녁에 라면을 끓여 먹었다. 5분 있다 형아는 양은 냄비 뚜껑에 먹고 나는 그냥 냄비 뚜껑에 먹었다. 라면은 뜨끈뜨끈하면서 쫄깃쫄깃한 면발이 있다. 라면을 다 먹으면 국물에 밥을 푹 말아서 먹으면 뜨겁고 입이 개운하다. 그리고 남은 면발과 밥을 국물 없이 먹으면 이거도 맛있다. 언제 먹어도 먹으면 맛있는 건 바로 라면이다. 언제나 라면을 먹으면 좋겠다. (황지석)

 1월 10일 화요일

오늘 귤을 12개나 먹었다. 4개 반을 먹고 나니깐 속이 좀 쓰렸다. 맛있으면서도 새콤달콤한 귤…… 먹으면 먹을수록 자꾸자꾸 먹고 싶다. '이러다가 피부가 노랗게 물들어 버리면 어떡하지?' 귤을 한 개씩 장난치면서 먹을 때도 이런저런 생각이 든다. 엄마는 있을 때 실컷 먹으라고 하셨지만 그건 아닌 말씀일 것 같다. (김지민)

친구

5월 24일 화요일

　오늘은 지민이가 피아노에 같이 가자고 해서 따라 갔다. 지민이 피아노 학원은 꽤 넓었다. 그리고 내 학원에 갔다. 그리고 재민이랑 같이 공부를 했다. 그런데 병문안 가기로 한 시간이 늦었다. 그래서 다마고찌를 사고 뛰어서 갔다. 아직 안 늦었다. 병훈이 병문안을 가니까 병훈이가 많이 아파 보였다. 아토피 때문에 입원을 한 것 같다. 우리 동생도 아토피에 걸린 적이 있다. 그런데 우리 동생은 그렇게 심하지는 않았는데……. 우리는 병훈이를 위로해 주었다. 기쁜 소식이 하나 있다. 병훈이가 내일 퇴원한다는 것이다. 내일 모레 학교에 올 수 있다고 한다. 시간은 왜 이렇게 늦을까? 시간만 빠르다면 지금 병훈이를 볼 수 있을 것 같다.

김다혜

오늘 친구가 병문안을 왔다. 장미꽃, 경마로봇 등을 받고 너무 기뻤다. 짝이 조금만 잘못해도 긁거나 심한 말을 하는 나, 친구를 괴롭혔던 나였다. 쉬는 시간에 주로 그랬는데, 그런 나를 병문안을 오니까……, 기쁘지 않을 수 없다.

김병훈

선생님 일기

　병훈이가 아토피로 입원을 해서 며칠째 학교에 못 나왔다. 그래서 아이들 몇 명을 데리고 같이 병문안을 갔다. 병훈이도 우리를 보고 많이 좋아했지만 병문안 간 아이들이 더 즐거워했다.
　평소 학교에서 친구에게 고마움을 느낄 만한 일이 별로 없는 아이들에게 병문안은 좋은 기회다. 말도 안 되는 생각이지만 '한 명씩 돌아가면서 입원하고 병문안 가기'도 친구에게 고마움을 느낄 수 있는 좋은 체험 학습 프로그램이란 생각이 든다.

　영국의 한 출판사에서 상금을 내걸고 '친구'라는 말의 정의를 공모한 적이 있다. 많은 응모 중 다음 것들이 선발되었다.
　'기쁨은 곱해 주고 고통은 나눠 갖는 사람'
　'우리의 침묵을 이해하는 사람'
　'언제나 정확한 시간을 가리키고 절대 멈추지 않는 시계'
　1등은 이것이다.
　'친구란 온 세상이 다 내 곁을 떠났을 때 나를 찾아오는 사람'
　정말 멋진 말이다. 학기 초에 한 명씩 앞에 나와서 자기소개를 했는데 이때 병훈이도 멋진 말을 했었다.

"안녕, 난 병훈이야. 같은 반이 되었으니까 친하게 지내자. 너희들 중에서 한 명이라도 죽으면 난 자살할 거야."

아이들에게 친구란 아주 작고 우연한 계기로 만들어진다.

같은 반이 되어서 친구!

짝꿍이 되어서 친구!

과자를 주면 친구!

술래잡기할 때 안 잡으면 친구!

생일 초대를 해 주면 친구!

집에 같이 가면 친구!

책을 빌려 주면 친구!

넘어진 내게 손을 내밀면 친구!

그 손을 잡으면 친구!

아이들끼리는 서로 쉽게 친구가 되지만, 나하고는 쉽게 친구가 되기 어렵다. 편하게 대하라고 하고서는 친해질 만하면 나는 아이들에게 "내가 니 친구냐!"고 말하기 때문이다.

게임 중독
5월 24일 화요일

공부하고 축구를 했는데 기분이 개운하고 느낌이 좋았다. 근데 땀이 많이 나 더웠다. 밤인데……, 배드민턴 하는 언니도 있었고 걷는 운동하는 어른들도 많이 계셨다. 난 게임이 가장 재미있는 줄 알았는데 운동도 건강에 좋고 재미있고 개운하고 튼튼해지는 것 같았다. 내 동생은 메리야스만 입고 축구를 했는데 좀 우스꽝스러웠다.

이지숙

선생님 일기

요즘 게임에 빠진 아이들이 많다. 나도 중학교 시절 오락실에 빠졌었다. 그때 자주 드나들던 곳이 동네 지하상가 안에 있는 쌀집이었다. 쌀집에 들어가면 개구멍이 있고 그 구멍으로 들어가면 오락기계가 있었다. 아마 불법으로 몇 대 가져다 놓은 것 같았다. 겉으로 볼 때는 쌀집이라 부모님 몰래 드나들기에 참 좋았다. 동네 학생들과 쌀집 아저씨만 알고 있는 비밀 오락실이었다.

오락실에서 오락을 더 하고 싶어도 배가 고파지는 저녁때가 되면 집에 가서 밥을 먹어야 했다. 또 돈이 다 떨어지면 구경만 하다가 돈을 다시 받으러 집으로 가야만 했다. 하지만 일단 집에 들어가면 불벼락이 떨어진다. 어디 있다가 이제 오냐고 소리칠 어머니한테 허락을 받고 다시 오락실로 간다는 건 불가능하다. 결국 그날 하루는 그렇게 끝난다. 아쉬움을 접어 두고 다음을 기약하며.

그때도 한 반에 한두 명 정도 집에서 컴퓨터로 오락을 하는 친구들이 있었지만 100원에 한 판 하는 오락실 게임보다 단순하고 재미가 없어 집에서 하는 컴퓨터 게임에 중독되는 아이는 없었다. 결국 오락에 중독되려면 부모님의 눈을 요리조리 피해 부지런히 오락실에 가야 했으며 용돈도 넉넉히 있어야 했다. 정말 부모님을 속일 수 있는 잔머리와 부지런함, 넉넉한 용돈의 3박자가 갖추어져야 '오락 중독'이 가능했다. 아무나 중독될 수 없는 현실 앞에서, 갖추지 못한 우리는 오락실보다는 친구들과 뛰어노는 일에 더 열중했다.

지금은 집에서 누구나 쉽게, 그것도 몇 시간씩 다양한 게임을 즐길 수 있어 게임 중독의 위험에 훨씬 더 많이 노출되어 있다. 컴퓨터 게임을 하며 노는 것이 세상에서 가장 신 난다고 말하는 요즘 아이들이다.

정말 즐거운 일은 사람과 사람이 얽히는 생활 속에 있다는 것을 언제쯤 아이들이 깨달을까? 일단은 운동장에서 함께 뒹굴며 땀을 쏟아야겠다.

목 조른 사람, 목 졸린 사람

5월 28일 토요일

　킹스 웨딩홀 뷔페에 갔다. 어떤 뚱뚱한 아줌마가 데려다 주었다. 그 아줌마는 우리 엄마를 '자기'라고 말하는 것이다. 울 엄마는 뚱뚱한 아줌마 보고 존댓말을 쓰는 것이다. 나는 왜 엄마를 이상하게 부를까? 그리고 저 뚱뚱한 아줌마는 누구지? 생각했다. 뷔페에선 문혜원이라는 아기가 돌잔치를 하고 있었다. 나는 맛있는 걸 골라 먹었다. 물론 배터지게 먹었다. 너무 맛있었다. 어떤 아이들이 나와 '개구리와 올챙이'라는 노래에 춤을 추고 있었다. 내 생각에 그냥 쭈물쭈물 추는 것 같았다. 하지만 아저씨는 잘 췄다고 만 원을 하나씩 줬다. 집에 가고 있을 때, 뚱뚱한 아줌마가 나를 보고 "너는 내가 싫니? 아니면 좋니?"라고 물어 보셨다. 나는 곰곰이 생각하다가 생각이 나서 답을 이야기해 주었다. "몰라요." 아줌마는 나 보고 "넌 도대체 누굴 닮아 이렇게 쌀쌀하니?" 나는 말문이 막혀 버렸다. 하지만 그래도 좋은 외식이었다. 매일 이런 일만 계속 됐으면 좋겠다.

김수진

선생님 일기

수진이는 글짓기를 잘한다. 2학년답지 않은 마음속 말을 글로 쓸 줄 안다. 자신이 사춘기라 요즘 우울하고 집에서도 엄마와 자주 싸우게 된다며 나한테 하소연을 하기도 했다.

수진이의 글은 느낌이 잘 전달된다. 수진이의 일기장에 쓰인 날씨를 읽으면 날씨가 그대로 전해진다.

> 찐빵 같이 더웠다.
> 오전에는 추웠지만 오후에는 햇볕이 쨍쨍 내리쬐었다.
> 얼음 언 것처럼 춥다.
> 목욕탕처럼 따뜻했다.
> 날아갈 뻔했다.
> 반은 춥고 반은 따뜻하다.

맑음, 흐림, 비, 눈 같은 말보다 재미있고 와 닿는 표현이다. 수진이가 반장을 할 때, 내가 교실에 없으면 앞에 나와 칠판에 아이들 이름을 적었는데 기억에 남는 몇 가지가 있다.

잘한 사람 / 못한 사람

때린 사람 / 맞은 사람

나쁜 사람 / 착한 사람

울린 사람 / 운 사람

가만히 앉아 있는 사람 / 막 돌아다니는 사람

싸움한 사람 / 말린 사람

> 제일 기억에 남는 사람은 이거다.
> 목 조른 사람 / 목 졸린 사람

같은 주제의 다른 어린이 일기

 2월 5일 일요일

오늘 엄마는 내 잘못도 아니고 동생 잘못인데, 나만 혼내고 정은이는 안 혼낸다.
"뜨거운 마음"

아빠가 온 가족 모두 산에 가자고 해서 갔다. 근데 바람이 차게 불었다.
"찬바람"
집에 돌아와서도 나는
"뜨거운 마음"

아빠가 내 마음을 알아차렸다. 엄마한테 잠깐 간지럼 태웠다. 나는 그걸 보고 웃었다.
"웃는 얼굴"

매일매일 내 마음은 다른가 보다. (김시온)

구구단
6월 7일 화요일

2×1=2, 9×9=? ← 이건 뭘까? 이런 건 바로 구구단이라고 해. 2학년이 되면 2학년 전체가 다 하는 게 바로 구구단이다. 구구단은 2학년이 하는 거다. 1학년! 너희들! 2학년이 되면 고달플 거다.

신한설

선생님 일기

2학년 2학기가 되면 수학 과목에서 구구단이 나온다. 창의성과 자율성을 중시하는 21세기에 암기를 강요하는 교육은 사라지고 있지만 구구단만큼은 외울 수밖에 없다. 암기에 익숙하지 않은 아이들이라 구구단 외우기는 힘들겠지만 교과에 나오고 학업에 도움이 되니 어쩔 수 없이 외우게 한다.

한동안 19단 외우기가 열풍이었다. 수학의 나라 인도, 정보기술 산업의 강국인 인도를 들먹이며 인도의 성공이 19단 외우기에서 시작되었다며 19단 외우기 바람이 불었다. 인도에서는 자녀에게 19단을 지겨운 공부가 아닌 재밌고 즐거운 놀이로 여기게 하라고 한다.

요즘도 19단을 외우는 아이들이 있다. 그런데 구구단이면 충분하지 않을까? 컴퓨터도 0과 1의 이진법, 그러니까 숫자 둘로 충분한데 19단까지 외워야 할까? '19×19=361'이 적힌 아이들의 책받침을 보며 일찍 초등학교를 나온 내가 얼마나 다행인가 생각했다.

구구단 시험

　　　　　　　　　　-문현식

구구단 아직 못 외웠니?

걱정 마

시험에 통과하는 방법 알려줄게

만약에 앞에 나와 7단을 외우라고 한다면

이렇게 하면 돼

입은 조금만 벌리고

말은 아주 빠르게

숨은 쉬지 않고 생각나는 대로 말하면 돼

자, 시작!

칠일은칠칠이십사칠삼에이시밀칠사이시사칠오삼시부칠육사사바칠

칠사구구칠팔은모르구칠구도모르삼

이렇게 하면 19단까지 해결되겠지?

생일 초대

6월 13일 월요일

　사인이랑 생일에 대한 의논을 했는데 생일에 누구를 초대할 것인가, 무슨 시간에 할 것인지, 내가 무슨 선물을 줘야 하는지에 대해 의논을 했다. 의논을 끝내고 나니 언제, 어디서, 어떻게, 사람은 몇 명, 시간은 언제 할 것인지를 알게 되었는데……. 사실 처음으로 사인이에게 생일 초대를 받았다. 사실은 사인이하고 나는 1학년 때부터 지금까지 하루도 같이 안 붙어 다닌 적이 없었다. 그래서 점점 친한 친구로 변하고 있다. 나도 내 생일날 남자는 빼고 여자는 다 초대할 수도 있다. 그래도 음식이 아깝다. 친구들이 너무 많이 오면 우리 가족 식량을 다 먹으니까 말이다. 나는 사인이랑 더 친하게 지내고 싶다.

이지숙

선생님 일기

생일 파티가 있기 며칠 전, 생일 주인공은 집에서 예쁘게 만들어 온 초대장을 아이들에게 나누어 준다. 초대장에 적힌 이름 순서대로 아이를 찾아 교실을 돌아다닌다. 이때 교실은 팽팽한 긴장감이 감돈다. 저 초대장 중에 내 이름이 있을까, 없을까? 초대장을 받을까, 못 받을까? 힐끔 보니 이제 몇 장 안 남았다. 너와 나의 관계에 대한 복잡한 생각에 아이들의 가슴은 벌렁거린다.

'그동안 친하게 지냈는데……'
'저번에 준비물 빌려 줬던 거 기억할까?'
'내 생일 파티에 초대했었는데 당연히 주겠지?'

초대장을 이제 다 나눠 주었다. 초대장을 받은 아이들은 마음이 설렌다. 못 받은 아이들은 괜히 기분이 나쁘다. 서러움에 눈물까지 글썽이는 아이도 있다.

> 기쁨과 슬픔이 교차하는 교실, 초대장을 못 받았지만 웃는 얼굴로 입술에 침을 바르며 한 마디 하는 아이도 있다.
> "나, 너 생일날 가도 돼?"

나도 그냥 그런 사람이야
6월 15일 목요일

쓰레기는 쓰레기통에 버려야 한다. 그런데 어떤 애가 하수도에 쓰레기를 넣었다. 참 이상한 애다. 쓰레기를 함부로 버리면 그 쓰레기가 강으로 가서 물고기가 죽고 그 쓰레기가 바다로 흘러가서 바다를 더럽히기 때문이다. 참 그 애는 멍청하다.

김해송

선생님 일기

　며칠 전 희한한 꿈을 꾸었다. 큰 뱀 여러 마리가 집 안에 들어왔는데 발을 디딜 수 없을 정도로 많은 뱀이 우글거렸다. 발밑에서 나를 감아 오르려 하는 뱀들의 미끈한 느낌에 놀라 잠에서 확 깼다.

　주변 사람들한테 이 신기한 꿈에 대해 말했더니 복권을 사 보라고 했다. 사실 난 그런 대답을 은근히 기대하고 있었기 때문에 사람들이 복권을 사라는 말을 하지 않았어도 어차피 샀을 것이다.

　그날 복권을 이만 원어치 샀다. 그리고 지갑 속에 넣어 둔 복권을 볼 때마다 기도하듯 소원을 빌었다. 좋은 꿈을 꾸고 복권을 몇 번 사기는 했지만 당첨된 적은 없었는데 이번 꿈은 정말 행운을 가져다줄 것 같았다. 그러나 역시 이번에도 아무 일 없었다. 늘 그랬던 것처럼.

　나는 이렇게 허황된 꿈을 꾸기도 한다. 하지만 아이들 앞에서는 허황된 꿈을 좇는 일은 없다. 아이들에게 선생님은 허황된 꿈을 꾸면 안 되는 존재이고, 나도 아이들에게 그렇게 살지 말라고 하기 때문이다.

아이들 앞에서 솔직한 교사이고 싶지만 마냥 솔직하기에는 문제가 있다. 나는 길에 쓰레기를 버린 적이 있고, 가게에서 거스름돈을 더 받고도 그냥 나온 적도 있으며, 집에 가서 텔레비전만 보고 신 나게 놀 궁리만 한 적도 있으며, 절친한 친구를 의심한 적도 있고, 장애인이 무서워서 피한 적도 있으며, 수업하기가 싫어서 빨리 끝나길 바라던 적도 있다. 이 모든 일을 솔직히 말하면 어떻게 될까?

'우리 선생님은 솔직해서 좋아.'
'선생님도 그러고 싶은 날이 있지.'
'역시 솔직한 면을 배워야 해.'
이렇게 생각하는 아이들은 없을 것이며,
'재미있는 선생님이구나.'
'선생님처럼 솔직하게 말하는 습관을 기르렴.'
이렇게 말할 학부모도 없다고 본다.
사실 난 그냥 그런 사람인데, 난 그냥 남들처럼 사는 사람인데, 한없이 솔직했다가는 실망만 안겨 줄 그런 사람인데…….

하지만, 선생님은 너희들을 진심으로 사랑해. 그럼 괜찮지 않겠니? 괜찮다고 해 주렴.

부루퉁한 날

6월 19일 일요일

　오늘은 왜 자꾸 기분이 부루퉁한 것일까? 하는 일마다 잘 안 된다. 자꾸 짜증이 나고 오늘이 제일 불행한 날이다. 자꾸 동생과 싸우게 되고 엄마 말이 안 들어지고 오늘은 대체 무슨 날일까? 더운 날에 왜 이렇게 싫증이 날까? 너무 불행하다. 이런 날이 안 왔으면 좋겠다. 짜증이 나는 날이 아니었으면 좋겠다.

장선아

선생님 일기

학교에서 웃는 아이들을 봐도 화가 나는 날

수업을 해야 되는데 아무것도 하기 싫은 날

나한테 말 거는 아이들이 귀찮은 날

떠드는 소리가 듣기 싫은 날

유난히 교실이 더러워 보이는 날

햇볕이 내리쬐는 운동장을 보기 싫은 날

어디로든 떠나 버리고 싶은 날

너희들의 소중한 하루를 나 때문에 망치면 안 되는데…….

그런 날에도 어김없이 난 아이들 앞에 서 있다.

엉뚱함과 창의력의 차이는?
6월 20일 수요일

　오늘은 일기장을 샀다. 조금 남자 꺼 같지만 그래도 귀엽다. 그리고 할머니가 찐빵을 사 주셨다. 그리고 왔는데 아빠가 계속 지우가 아프다고 지우에게만 잘해 주라고 하셨다. 그래서 나도 아팠으면 좋겠다는 생각이 들었다. 사실 나는 남이 나에게 관심을 가져 주는 게 좋다. 왜냐하면 선생님도 꿈이기는 하지만 독특한 옷이나 아님 책에 나오는 소피처럼 남이 안 입는 옷을 입고 싶다. 혹시 모두 분홍색 옷을 입는다면 나는 주황색 옷을 입을 것이다. 그렇다고 소피처럼 할 수는 없다. 엄마가 입으라고 사 주신 옷들은 어떻게 하라고……. 어쨌든 그런 날이 한 번이라도 왔으면 좋겠다.

　　　　　　　　　　　　　　　　　　　　김다혜

선생님 일기

다혜가 교실에 있는 동화책 《엉뚱이 소피의 못 말리는 패션》을 재미있게 읽었나 보다. 줄거리는 이렇다.

소피는 남들처럼 옷 입기를 거부하는 아이다. 날마다 다른 느낌을 자유롭게 표현하는 파격적인 패션을 추구하는 아이라서 학교에서는 괴상한 아이로 통한다.

소피는 생후 4개월 때부터 패션에 남다른 재능을 보인 아이였다. 친구들이 장난감을 가지고 놀 때 소피는 단추나 지퍼를 가지고 놀았다. 그런 소피가 학교에 들어가서 입고 다니는 옷 때문에 여러 차례 교장 선생님과 담임선생님께 경고 편지를 받게 된다.

그도 그럴 것이 왼쪽 오른쪽 양말과 신발을 늘 다르게 신고 치마도 여러 개 겹쳐 입고 터번을 두르고 학교에 가는 아이, 떨어진 나뭇잎들이 불쌍하고 안쓰러워 옷 가득히 낙엽을 옷핀으로 찔러서 붙이고 학교에 가는 그런 아이를 보통의 눈으로 바라보는 교사들은 없었을 것이다.

그러나 소피는 완고한 선생님도 물방울무늬의 아주 통 넓은 바지에 노란 왕 리본이 달린 셔츠를 입고 오게 만든다. 결국 소피의 개성을 이해하기 시작하여 영향을 받은 아이들은 점점 개성이 강한 옷차림으로 학교에 나타난다. 그런 아이들 속에서는 평범함이 오히려 튀는 행동이 되기 때문이다.

"나랑 케빈이랑 다른 옷을 입듯이 왼발이랑 오른발이랑은 다른 양말을 신어 줘야 해요. 손가락에도 엄지, 검지, 중지, 약지, 새끼의 이름이 각각 있듯이 손가락 마다 마다에도 각기 다른 그림을 그려 줘야 해요."

소피의 생각이 잘 드러난 말이다.

우리 아이들도 분명 자신들이 생각한 엉뚱한 패션이 있다. 나아가서 엉뚱한 행동과 생각이 있다. 그런 엉뚱함이 교실에서 적나라하게 발휘될 때, 나는 그것을 창의성으로 인정해 왔던가? 내 손으로 그 풋풋함을 꺾어 버리지는 않았을까?

어머니
6월 21일 화요일

　오늘 엄마가 일을 하러 식당에 가셨다. 저녁 8시에 가서 밤 12시에 오신다. 나는 지금 동생, 아빠와 같이 있다. 지금 현재 시각은 10시 5분이다. 엄마가 오려면 1시간 몇 분이 남았다. 좀 무섭긴 하지만 아빠와 동생이 있어서 괜찮다. 나는 엄마가 빨리 오시면 좋겠다. 내일 아침에 엄마를 만날 수 있다. 빨리 내일 아침이 되면 좋겠다. 나는 엄마가 없으면 잠이 안 온다. 엄마가 없을 때 잠이 온 적도 많다. 어제는 엄마가 일하러 식당에 가셨는데 잠이 안 와서 12시까지 계속 누워 있었다. 오늘은 잠이 올까 안 올까 궁금하다.

김시온

선생님 일기

일기장에 적힌 어머니의 이야기를 읽을 때면 마음 한 구석이 저며 온다. 우리 어머니들은 너무나 길고 힘든 세월을 당연한 도리라며 자식에게 헌신하며 살아간다. 아이들이 쓴 일기는 훗날 부모의 보살핌으로 자란 어린 시절의 소중한 기록이 될 것이다. 불행히 일기를 쓰지 않았다면 구체적 이미지가 그려지지 않겠지만.

우리 어머니들은 추운 겨울이 지나면 새롭게 다시 태어날 겨울나무를 말없이 지탱하고 있는 땅속의 뿌리 같다. 그저 이 겨울에도 편안히 봄을 기다리는 나무이기를 바라는 단단한 뿌리 같다.

나무가 위로 쑥쑥 자랄수록 뿌리는 어둠 속에서 더 많은 흙을 움켜잡기 위해 투박한 손이 되어 얽히고 있다는 사실을 아이들도 느끼면서 자라고 있다.

같은 주제의 다른 어린이 일기

 1월 3일 화요일

　엄마가 3학년 때 쓸 가방을 사오셨다. 정말 예뻤다. 3학년 때는 이 가방을 깨끗이 사용할 것이다. 그러면 1년 동안 잘 쓸 수 있기 때문이다. 이 가방은 나의 소중한 보물 1호이다. 부모님보단 중요하지 않지만 그래도 물건 중에서는 제일 중요한 것이다. 난 부모님이 제일 고마우시다. 난 잘해드리지도 못하는데 매일 날 위해 많은 것을 사 주시는 것 같다.
　정말 이 가방을 아껴 쓰고 소중하게 다루고, 이젠 부모님께 잘해드려야겠다는 생각을 했다. (장선아)

2월 2일 목요일

오늘은 돈을 더 많이 저축하려는 생각을 했다. 왜냐하면 2월 28일이 엄마 생신이고 5월 9일이 아빠 생신이다. 근데 돈이 너무 부족해서 하루에 100원씩 저금하고 빨래 개서 500원도 벌 거고 실내화 빨아서 500원을 벌 꺼다. 양은 적지만 티끌 모아 태산도 있으니까. 옛날에는 편지만 썼지만 뭔가 특별한 것을 선물해드리고 싶다. (이희원)

이럴 때 혼내야 할까?
6월 27일 월요일

　오늘 비가 주룩주룩 왔다. 요즘엔 더웠는데 비가 와서 시원했다. 비는 구름이 녹아서 내리는 건 줄 알았는데, 수증기 때문에 내리는 거다. 비가 와서 시원하니까 일주일 정도 홍수 같은 비가 엄청 계속 내렸으면 좋겠다.

임명균

선생님 일기

'비가 많이 내려 동네에 물이 가득 차면 뱃놀이를 해야겠다.'
실제로 일어나면 안 되는 바람이지만 아이들은 가끔씩 그런 상상을 한다. 아이들은 자기가 하고 있는 일에 대해 옳고 그름을 판단하지 못하는 경우가 많다.

비가 많이 내리던 날이었다. 우산이 없어 집에 못 가고 아무도 없는 복도에 혼자 서 있는 아이가 있었다. 친구들은 우산을 같이 쓰자는 말을 하지 않았으며 아이도 친구한테 같이 쓰자는 말을 하지 못한 채 그렇게 서서 비가 그치길 기다렸다.

어느 날 수업 시간에 필기를 하는데 따라 적지 않는 아이가 있었다. 알고 보니 연필이 없어서 한 시간 동안 공책에 한 글자도 적지 못했다. 짝꿍은 연필이 많았지만 먼저 빌려 주지 않았고 그 아이도 친구한테 연필 한 자루 빌려달라는 말을 하지 않았다.

교과서가 없다고 엎드려 있는 아이가 있었다. 짝꿍은 교과서를 혼자 보았고 그 아이는 자기 책이 없다며 마냥 엎드려 있었다.

현장 학습을 간 날, 점심시간에 도시락을 꺼냈다. 모둠별로 돗자리를 펴고 같이 먹어야 하는데 도시락을 싸오지 않은 아이는 혼자 떨어져서 빵을 꺼내서 먹고 있었다. 김밥을 싸온 친구들은 그 아이에게 김밥을 건네지 않았다.

급식 시간에 후식으로 나온 떡을 하나씩 받았다. 떡을 좋아하지 않는 아이는 그 떡을 아무 생각 없이 버렸다. 옆에 있던 떡을 좋아하는 친구가 버리지 말고 자기를 달라고 했지만 기어코 잔반 처리 통에 버렸다. 결국 둘은 밥풀을 튀기며 싸우게 되었다.

지금보다 사는 게 어려웠던 어린 시절에는 같이 나눠 쓰면서 친해지는 것을 당연하게 여겼고 그렇게 배웠기 때문에 요즘 아이들의 그런 개인적인 행동을 보면 화가 난다. 그래서 준비 안 해 빌리는 아이들보다 친구에게 빌려 주지 않은 아이들을 더 혼낸다.

사실 미안한 마음도 든다. 안 챙긴 아이들 때문에 생긴 일인데 배려하지 않았다는 이유만으로 혼나게 되니 잘 챙겨온 아이들 입장에선 억울할 수 있다.

그런데 그런 일이 있어도 혼낼 수 없을 때가 있다.

빌려야 할 때와 빌려 주어야 할 때를 모르는 순진한(?) 아이들은 뭘 잘못하고 있는지를 몰라서 정말 혼내기 힘들다.

조곤조곤 잘못에 대해 이야기하다가는 지구의 탄생부터 오늘까지 다 말해 주어야 할지도 모른다.

요즘 아이들

7월 7일 목요일

　요가를 한다. 비디오로 배우고 있다. 명상, 나무 요가, 고양이 요가, 악어 요가, 강아지 요가, 마사지를 하면 키가 커진다. 오늘 아침에 1센티미터 자랐다. '앞으로 요가를 열심히 해야 되겠다.'라는 생각이 든다. 살도 빠지고 건강 미인도 되고 키도 자라니 일석삼조다. 앞으로 요가를 열심히 해서 건강 미인이 되고 싶다.

김수진

선생님 일기

생일 파티 때 교실에서 춤을 추기로 한 아이가 자기도 여자 가수 누구처럼 '쮸쮸 빵빵'한 몸매를 갖고 싶다고 했다. '쮸쮸 빵빵'이 아니라 '쭉쭉 빵빵'이라고 알려 주었더니 '쮸쮸 빵빵'이 맞다고 우긴다. 그래서 지금은 다른 아이들도 '쮸쮸 빵빵'이라고 말한다.

여자아이들이 말하길 남자 친구는 드라마에서처럼 멋있어야 하는데 그런 남자는 우리 반에 없다고 했다. 남자아이들 역시 여자 친구는 귀엽고 깜찍해야 하는데 그런 아이는 반에 없다고 했다. 이상한 건, 이렇게 눈이 높은 아이들 사이에서 하루에도 몇 쌍씩 커플이 탄생한다는 사실이다.

2학년이 되어서 나를 처음 본 아이들은 나를 자기네들이 좋아하는 가수와 비교하면서 못생겼다고 했다. 나중에는 이상하게 생겼다는 말도 들었다. 왜 나름 적당히 생겼다고 생각하고 있는 나를 연예인과 비교해서 내 맘을 우울하게 하는지 모르겠다.

여자아이들이 청소 시간에 청소를 안 하고 요즘 유행하는 '털기춤' 연습을 했다. 누가 가장 잘 추는지 뽑아 보라고 나한테 판정을 강요했다.

쉬는 시간이나 점심시간에 이제 동요를 들려주면 시큰둥하다. 동요는 유치하다며 듣지도 않다가 가요를 들으면 따라하고 춤추고 눈썹 올라가는 표정까지 따라한다. 그런데 "그대 기억이 지난 사랑이 내 안을 파고드는 가시가 되어 제발 가라고 아주 가라고 애써도 나를 괴롭히는데……."라는 가요 가사를 이해할까, 모르겠다.

중국산 김치 파동으로 시끄러웠던 때가 있다. 급식 시간에 김치가 나온 날이면 아이들은 김치가 한국산이냐며 나한테 물어 보고, 내가 먹는 걸 본 뒤에 조심스럽게 먹는다. 빼빼로 데이에는 자기가 받은 초콜릿이 한국산인지 봐 달라고 한다. 중국산에는 기생충이 있어서 먹으면 배가 아프다는 뉴스를 들었다는 것이다.

> 보고 듣고 아는 게 많은 세상, 옛날 아이들은 하지 않던 고민과 걱정을 많이 하는 요즘 아이들이다.

거짓말

7월 8일 금요일

　오늘은 선생님이 거짓말쟁이가 되셨다. 이유는 선생님이 수요일날 6월의 일기가 어디 있냐고 물으셨다. 내가 안 가져왔다고 하니까 선생님이 목요일에 가져오라고 하셨다. 그래서 가져갔는데 또 내일 가져오라 하셨다. 그리고 오늘 가져갔는데 또 내일 가져오라 하셨다. 그래서 선생님이 거짓말쟁이가 되셨다. 그리고 청소를 하는데 청소가 하기 싫어서 청소를 빨리 하고 장난만 쳤다.

김다혜

선생님 일기

인터넷에 떠도는 선생님들의 뻔한 거짓말 열 가지가 있다.

1. "이 문제는 너희들한테만 가르쳐 주는 건데……."
   반마다 전부 가르쳐 준다.
2. "때리는 나도 가슴 아프다."
   그러면서도 세게 때린다.
3. "자, 조금만 더 하고 쉬자."
   한참 해야 쉰다.
4. "이번 시험은 쉽게 냈다."
   시험 문제 보면 하나도 모르겠다.
5. "난 쩨쩨하게 성적 같은 걸로 편애 안 해."
   이런 말 하면서 처음부터 끝까지 성적 갖고 뭐라고 한다.
6. "모르는 거 있으면 언제든지 선생님한테 물어 봐."
   물어 보면 싫어한다.
7. "시험 문제 내 말 속에서 다 나와."
   안 나오는 것도 많다.

8. "우리 반이 공부 제일 잘한다."
   딴 반한테 물어 보면 담임이 다 그런 말 했다.

9. "옆 반은 얼마나 조용한지 알아?"
   우리 반보다 더 시끄럽다.

10. "내가 너희만 할 땐 선생님 말씀 잘 들었어."
    다 뻥이다. 사실 성적 엉망이다.

아이들한테 거짓말을 해서는 안 되지만 몇 번 거짓말을 한 적이 있다. 대부분 꼭 한다고 하고선 미루거나 잊어버린 일들이다.

제비뽑기로 한 달에 한 번씩 짝을 바꾸는데 어느 달은 내 기준대로 바꾼 적이 있고, 숙제 검사를 꼭 해야 하는데 못 한 적이 있으며, 선물을 주어야 하는데 며칠 미루기도 했다. 또 운동장으로 나가기로 한 날에 비가 쏟아지게 생겼다며 교실에서 수업하기도 했다. 아마 아이들이 기억하는 일은 훨씬 더 많으리라.

내가 약속을 지키지 못했을 때, 화내는 아이들도 있고 짜증내는 아이들도 있다. 째려보는 눈빛으로 다시는 약속 같은 건 안한다고 말한다. 하지만 난 알고 있다. 내일이면 처음인양 다시 나와의 약속을 만든다는 것을.

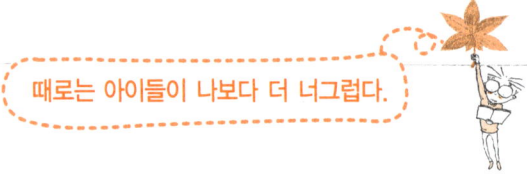

때로는 아이들이 나보다 더 너그럽다.

3
초딩은 억울하다

김밥
7월 11일 일요일

동글동글 김밥 야채 쏭쏭
당근, 오이, 시금치, 계란, 치즈 등이 있다.
먹으면
아, 맛있다.

황수현

선생님 일기

현장 학습 날, 점심시간은 가장 기다려지는 시간이다. 누군가 돗자리를 대충 깔면 여기저기에 저절로 자리가 잡힌다.

소나무 숲 끝 쪽에 ○○이가 있었다. ○○이는 김밥 대신 빵을 싸 왔다. 다른 아이들이 김밥과 초밥을 먹는 동안 ○○이는 빵을 먹었다. 빵 한 조각, 또 한 조각, 그리고 음료수는 없었다. 슬며시 옆에 가서 물어 보았더니 자기는 김밥을 싫어한다고 했다. 음료수는 안 먹어도 된다며 빵만 먹었다. 김밥을 싫어하는 초등학생은 아직 본 적이 없기에 대답 그대로 믿진 않았다. ○○에게 다른 아이로부터 받은 김밥 한 줄과 음료수를 슬며시 건네주고 자리를 떴다.

"김밥도 먹을 만하지?"
"네."

> 김밥을 싫어하는 아이는 없다.
> 다만, 김밥을 싫어해야 되는 아이는 있다.

행복하니?
7월 19일 화요일

아침 자습 시간에 생활 계획표를 만들었다. 나는 2시간씩 하는 게 없다. 1시간씩만 하면 다 충분한 시간이다. 나는 오늘부터 계획표대로 지키려 한다. 꼭 지켜야 한다. 왜냐하면 내가 만든 계획표니까. 공부 잘 하겠다.

신한설

선생님 일기

초등학교 때의 일이다. 여름방학이 되기 며칠 전 수업 시간에 방학 생활 계획표를 만들었다.
"무리한 계획보다는 실천 가능한 계획으로 짜도록!"
선생님은 그렇게 말씀하셨다.
난 아침에 특별히 할 일이 없었다. 그래서 아침 8시부터 10시까지를 '텔레비전 시청'으로 계획표에 넣었다. 내가 실천할 수 있는 계획이기 때문이었다. 선생님이 내 계획표를 집어 들고 말했다.
"야, 무슨 아침부터 텔레비전을 보냐! 정신이 있는 거야, 없는 거야? 당장 지워!"
선생님은 내 뺨을 잡아당기며 혼내셨다. 그런데 오후에 텔레비전 시청 시간을 넣은 아이들은 혼내지 않으셨다. 왜 오후는 괜찮고, 아침은 혼나야 되는 것일까? 이해되지 않는 일로 화내는 선생님이 싫었다.
한숨을 쉬며 텔레비전 시청을 대신할 계획을 찾느라 고민했다. 난 '텔레비전 시청'을 '아침 운동'으로 바꾸고 검사를 맡았다. 하지만 그해 여름방학 아침에 운동했던 기억은 전혀 없다.

그땐 그랬다. 방학이면 아침 먹고 방바닥에 누워 텔레비전을 보면서 점심을 기다렸다. 그리고 나서 점심때면 어김없이 집으로 걸려오는 전화,

"현식아, 놀자. 밥 먹고 우리 집 앞으로 와."

그러면 언제나 똑같은 나의 대답,

"응, 알았어."

하루가 아까운 줄 모르고, 시간이 소중한 줄도 모르고, 학원 안 간 친구들과 만날 뛰어놀며 보내던 짧지 않지만 언제나 짧았던 나의 방학…….

요즘 아이들의 고민은 요일마다 다른 학원을 다른 시간에 다니는데 어떻게 8절 도화지 한 장에 방학 생활 계획표를 다 짜냐는 것이다. 생각해 보니 아이들 말이 맞다. 계획표를 만들더라도 어차피 지킬 수 없는 시간이라 별 의미가 없어 보인다.

부족한 학습의 보충, 자기 계발의 시간, 요일마다 다른 계획이라는 철저한 시간의 틀에서 생활 계획표를 만들어야 하는 요즘 아이들의 방학…….

방학(放學) : 놓을 방, 배울 학.

배움을 잠시 멈추고 쉰다는 뜻이다. 아이의 뜻에 따라 스스로 계

획하고 실천하는 방학생활이면 어떨까.

> 아이들 모두에게 존재하는 가능성을 믿고 쉼표 한번 꾸욱, 찐하게 남기는 방학이 되길 바란다.

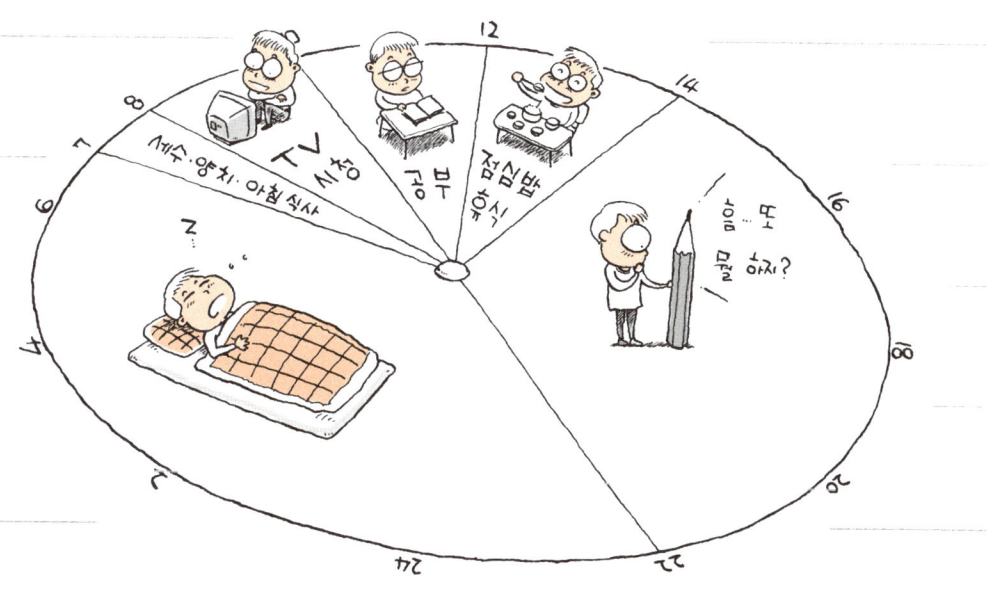

짧은 일기

8월 3일 수요일

오늘 뉴스에서 길에 물이 조금 차는 걸 봤다. 냇가에도 물이 가득 차 있었다. 물이 마을까지 올까 봐 떨렸다.

김두현

오늘은 짜장밥을 먹었다. 너무 맛있어서 아침, 점심, 저녁을 모두 짜장밥을 먹었다.

김성준

오늘 엄마께서 놀이터에 고추를 너셨다. 동생과 나는 그 곳에서 그네를 타며 고추를 지켰다.

장재원

선생님 일기

일기에서 글의 길이는 중요하지 않다. 짧은 두현이의 일기에서 두현이의 두려워하는 마음이 충분히 느껴진다. 성준이의 글을 읽는 순간 나도 한 번 먹고 싶어 금세 침이 가득 고이고, 재원이의 일기에서는 널린 고추가 얼마나 소중했는지 알 수 있다. 짧은 일기가 갖는 생명의 근원은 바로 솔직함이다. 진솔한 글은 단 한 줄이라도 생동감이 넘친다. 마치 시처럼 짧은 글로 깊고 넓은 웅덩이를 팔 수 있는 것이다.

한 번쯤은 들었을 만큼 널리 알려진 세상에서 가장 짧은 편지에 관한 이야기가 있다.

프랑스의 유명한 작가 '빅토르 위고'가 소설을 출간한 뒤 궁금한 마음에 출판사에 편지를 보냈다. 그 편지는 지금까지 세상에서 가장 짧은 편지라고 한다.

편지 안에는 "?"만 적혀 있었다. '내 작품은 어떤가? 좋은가, 나쁜가? 잘 팔리는가, 안 팔리는가?'의 궁금증을 물음표 하나로 표현한 것이다.

며칠 뒤 출판사로부터 답장이 왔다. 역시 세상에서 가장 짧은 편지로 편지 안에는 "!"만이 들어 있었다. '놀랍다! 잘 팔린다! 끝내준다!' 라는 뜻으로 답장을 보낸 것이다.

그 작품이 바로 빅토르 위고가 평생에 걸쳐 구상하고 집필했던 '장발장' 으로 유명한 《레 미제라블》이다.

2학년 아이들이 준 편지를 모두 모아 둔 가방이 있는데 그 중 기억에 남는 편지를 다시 꺼내 본다. 한 면은 정체를 알 수 없는 노트북과 디스켓을 그린 듯한 그림, 다른 한 면은 달랑 한 문장의 글로 되어 있다.

"선생님! 선생님이 늙으시면 이 그림을 보시고 저를 생각하세요."

이 글을 읽을 때마다 나는 점점 늙어갈 것이고, 지금도 늙는다는 것을 실감하게 돼 마음이 착잡하다.

초딩은 억울하다
8월 15일 목요일

오늘 할머니네 집에 갔다. 할머니네 집에서 고추를 땄다. 그리고 가위로 고추를 잘랐다. 계속 자르다 보니까 코 밑에가 따가웠다. 그래서 나는 할머니에게 말했다. 그랬더니 그만하라고 그러셨다. 그런데 할머니가 얼음을 비닐에다 넣고 수건으로 싸 주셨다. 그래서 그걸 코밑에다 대고 있었다. 그래서 다 나았다. 다 하고 공부를 했다. 공부를 다 하고 엄마가 뼈다귀 감자탕 집으로 불러서 식사를 맛있게 했다.

손예빈

선생님 일기

"긴장하라! '초딩'들이 방학했다!"

한 신문에 실린 기사 제목이다. 댓글이 많이 올라오는 인터넷 포털 사이트의 뉴스나 각종 토론 게시판에서 활동하며 인터넷 문화를 어지럽히는 사람들은 대개 초등학생이란 뜻이다.

한 인터넷 포털 사이트에서 방학이면 초등학생들이 올리는 악플이 늘어난다는 이야기가 있어 실제로 조사를 했는데 사실이 아니었다고 한다. 초등학생의 댓글 올리는 비율은 전체의 1퍼센트 미만으로 아주 적은 것으로 조사되었다.

요즘 초등학생들은 뉴스나 토론에 댓글을 달만큼 한가하지 않다. 방학이면 학기 중에 소홀히 했던 운동 학원을 추가로 다녀야 하고, 세계화 시대에 대비하여 영어 과외도 받아야 한다. 어쩌다 시간이 남으면 사고력과 창의력을 향상시키기 위해 책도 읽어야 한다. 이런 일이 아니더라도 그런 기사를 읽고 댓글을 달기보다는 친구와 노는 시간이 더 즐거운 때다.

그렇다면 악플러는 누구냐? 한가한 그들의 언니, 오빠, 아줌마, 아저씨들이다. 실제 초등학생을 이해하지 못하면서 초등학생의 의식 수준을 낮게 보고 그들을 흉내 내는 사람들이다. 수준 낮은 어른들 때문에 초등학생 전체가 매도당하고 있다.

초등학생들은 억울하다.

익명성 뒤에 숨어 '초딩'을 욕 먹이는 악플러가 이제는 사라지길 기대해 본다.

긴장 풀어라! 생각처럼 한가한 '초딩'은 없다.

같은 주제의 다른 어린이 일기

 2월 10일 금요일

이러쿵저러쿵, 바쁘다 바빠! 개학이 이틀밖에 남지 않아서 준비하느라 바쁘다. 그리고 거기다가 숙제 엄청 많이 있고 게다가 공부랑 방학숙제도 있는데 준비할 시간이 하나도 없다. 하지만 뭐 방학숙제, 일기, 독서록도 방학 동안에 뭔가를 깨닫게 해 준 것 같다. 또 바쁜 이 세상에 부지런히 살면 좋다. 이런 걸 깨달았다. 한마디로 바빠도 지혜롭고 밝게 살아가면 이렇게 바빠도 잘해낼 수 있다. 이런 뜻을 얻었단 얘기다. 이렇게 일기를 쓰며 하루를 보내는 게 나쁘지 않다고 생각한다. 지금 내가 쓴 이 좋은 교훈을 마음속에 담고 어려움이 닥치면 이 교훈의 뜻으로 헤쳐 나갈 거다. (신한설)

전학 가는 날

8월 20일 토요일

 아침에 옷을 입고 밖으로 나갔다. 친구가 이사 가기 전, 사진을 찍었다. 약 30분 간 놀았다. 처음에는 친구한테 동생이 있어서 유모차를 끌고 카트라이더 놀이를 했다. 다음에는 자벌레도 보고 메이플 놀이 그리고 놀이터에서도 놀았다. 5분 있다 친구가 차를 타고 충주로 이사를 갔다. 전화하고 이메일로 주고받고 해야겠다. 우리도 언젠가는 이사를 가겠지? 그리고 친구가 간다 해도 아무렇지 않다. 왜냐하면 이메일로 전하기 때문이다.

황지석

선생님 일기

　전학 온 친구와 며칠만 지내다 보면 그 아이가 전학 왔다는 사실을 친구들은 금세 잊어버린다. 그만큼 아이들은 빨리 쉽게 친해진다.

　전학 가는 친구의 경우도 마찬가지다.
　제일 친한 친구가 전학을 가게 되어서 무척 슬퍼하던 아이가 있었다. 매일 붙어 다니다가 이제 짝을 잃는다는 슬픔이 북받쳐 전학 가는 날 울음바다가 되었다. 전학 가기 전까지 둘은 서로 편지와 이메일을 교환하고 언제 어디서 몇 시에 만나기로 약속도 했다. 그리고 며칠을 더 붙어 다니며 영원한 친구임을 다시 한 번 확인했다.

　전학 가는 날, 아이들 앞에 서서 떠나는 친구가 마지막 인사를 했다. 친구가 교실을 나간 뒤에도 울음을 그치지 않고 엎드려 있는 짝을 잃은 아이는 몹시도 딱해 보였다. 공부 시간에도 계속 엎드려 있었는데 안쓰러운 마음에 그대로 있게 했다.

　그리고 쉬는 시간, 울던 아이는 어느 새 아이들 틈에서 아무 일도 없었다는 듯 웃으며 공기놀이를 하고 있다.

> 쉽게 잊는다는 것은 쉽게 그 자리를 채운다는 것.
> 쉽게 잊음으로써, 다시 친구를 만드는 아이들이다.

같은 주제의 다른 어린이 일기

 9월 22일 목요일

오늘은 내 짝 병주가 이사를 가게 되었다. 공부를 할 때 같이 했던 짝도, 색연필을 빌려줬던 짝도 이사를 가게 돼서 참 아쉬웠다. 많이 이사를 갔는데 병주까지 가서 사람이 더 줄어들었다. 친구가 전학 가는 게 그렇게 슬픈 줄 몰랐다. 짝이 이사를 가니까 더 아쉽다. 딴 학교에 가서도 잘 할 것 같다. (김지민)

형아와 나
8월 23일 화요일

　　형아한테 엄마가 바지를 사 주었다. 청바지였는데 형아가 한 번 입어보고 낀다고 했다. 그러다 엄마가 고무줄바지라고 말하니까 다시 한 번 입어보고 좋다고 했다. 그다음에 형아가 "나중에도 이런 바지 사 줘."라고 했다. 그런데 나는 사 주지 않았다. 하지만 나중에 엄마가 더 좋은 걸 사 준다고 했다. 나도 그런 고무줄바지가 있었으면 좋겠다.

황지석

선생님 일기

　한자녀 가정이 많다 보니 형제가 없어 형제애를 느끼지 못하고 자라는 아이들이 많다. 형제와 자매는 아이들이 집 밖에서 또래 친구를 만나기 전에 갖는 세상의 첫 번째 친구다. 집에서는 서로 부모의 관심과 사랑을 놓고 질투를 하는 경쟁자가 되지만, 바깥세상에서는 서로를 위해 주는 세상에 둘도 없는 동료이기도 하다. 서로에게 무엇으로 대신할 수 없는 소중한 사람이다.

　하지만 형제애라는 것은 꼭 피를 나눈 형제간에서만 느끼는 감정이 아니다. 다른 누구와도 얼마든지 나눌 수 있는 감정이다. 그래서 학교 정문에 이런 현수막이 걸려 있다.

　'형제애를 바탕으로 한 따돌림 없는 학교 만들기'

　많은 자식을 거느리고 있는 우리 교사들. 학교 울타리 안에서 서로 간에 형제애를 느끼도록 하는 일도 맡고 있다.

형아와 나
−문현식

형아는 6학년 졸업생
나는 1학년 입학생

형아가 쓰는 것은 샤프
내가 쓰는 것은 연필

형아가 먹는 것은 알약
내가 먹는 것은 물약

형아가 하는 것은 공부
내가 안 하는 것도 공부

형아가 젤 좋아하는 사람은 나
내가 젤 좋아하는 사람은 형아

> 정 붙이기 힘든 세상에 '형제' 처럼 다정한 말도 없다.
> 형편없는 요즘 세상에 형 편은 동생뿐이다.

같은 주제의 다른 어린이 일기

 3월 7일 월요일

오늘은 동생이 놀이방에 갔다. 전에는 2~3일 다니고 끊었는데 이젠 매일 다닌다. 말도 많이 배우고 율동도 많이 배워서 우리에게 보여 줬으면 좋겠다. (김성준)

 2월 2일 목요일

난 우리 집이 부산에 있을 때가 너무 그리웠다. 그리고 난 누나를 싫어하는데 너무 안 보니까 너무 그리웠다. (이수호)

동요 시대에서 가요 시대로

9월 27일 화요일

오늘은 '기차여행'이라는 노래를 배웠다. 어려운 박자, 또 가늘한 박자, 높은 박자 그런 박자가 있다. 노래는 둥근 목소리로 해야 한다고 선생님이 말해 주셨다. 난 노래를 할 때 무조건 크게만 하면 되는 줄 알았다. 근데 그것만은 아니었다. 재미있었다.

김지민

선생님 일기

동요보다 더 좋아하는 가요를 늘상 흥얼거리는 아이들에게 동요를 지도하는 일은 힘들다.

'아기 염소'라는 동요가 있다. 이 노래는 아이들과 함께 부르지 않는 게 좋다. 이미 모든 아이들한테 가사는 바뀌어 있다. 원래 가사는 이렇다.

아기 염소

파란 하늘 파란 하늘 꿈이 드리운 푸른 언덕에
아기 염소 여럿이 풀을 뜯고 놀아요 해처럼 밝은 얼굴로
빗방울이 뚝뚝뚝뚝 떨어지는 날에는 잔뜩 찡그린 얼굴로
엄마 찾아 음매 아빠 찾아 음매 울상을 짓다가
해가 반짝 곱게 피어나면 너무도 기다렸나 봐
폴짝폴짝 콩콩콩 흔들흔들 콩콩콩 신나는 아기 염소들

아이들이 부를 때 들어 보면 전혀 다른 가사다.

> 파란 하늘 파란 하늘 꿈이 드리운 푸른 언덕에
> 아줌마들 여럿이 화투치고 놀아요 해처럼 밝은 얼굴로
> 십만 원이 왔다갔다 백만 원이 왔다갔다 천만 원이 왔다갔다
> 내 돈 내놔 X야 못 주겠다 X야 울상을 짓다가
> 삐뽀삐뽀 경찰차가 오면 화투판 뒤집어진다
> 경찰서에 가서도 화투치고 놀아요 해처럼 밝은 얼굴로

자주 듣다 보니 나도 모르게 바뀐 가사를 함께 흥얼흥얼 따라 하기도 한다. 그래도 모든 아이들이 좋아하는 동요가 있다. '기차를 타고'라는 노래다.

> 기차를 타고
>
> 기차 타고 신나게 달려가 보자
> 높은 산도 지나고 넓은 들도 지나고
> 푸른 산을 지날 땐 산새를 찾고
> 넓은 바다 지날 땐 물새와 놀고
> 설렘을 가득 안고 달려가 보자
> 새로운 세상이 자꾸자꾸 보인다

농촌 마을로 현장 학습을 갔을 때 이 노래를 부르며 경운기를 탔었다. 시원한 바람을 맞으며 큰 소리로 부르던 설레는 마음이 느껴

져서인지 무척 좋아한다.

  노래를 고운 목소리로 잘 불러 보자고 할 때는 아이들의 좋은 목소리가 안 나온다. 하지만 둥근 목소리로 불러 보자고 하면 고운 소리가 나온다. 둥근 목소리 내는 법을 알려 주는 방법은 이렇다.

  우선 왼쪽 목에 달린 스위치를 말하기 모드에서 노래 모드로 바꾸라고 말한다. 다음, 길쭉하고 둥근 원통을 가지고 직접 소리를 내며, 둥글게 나오는 소리를 칠판에 둥글둥글하게 그려 준다. 그러면 아이들은 고개를 끄덕이며 잘 이해한다.

> 하지만 동요보다 대중가요를 좋아하는 아이들에게 둥근 목소리는 수업용일 뿐이다. 그렇다면 즐거운 생활 시간에 아이들이 좋아하는 '아이돌'의 노래를 배워야 즐거운 생활일까? 헤이요, 맨, 체킷 아웃!

일기 쓰기 싫은 날
9월 29일 목요일

오늘은 재수가 없었다. 그래서 일기 쓰기가 싫다.

이희원

선생님 일기

아이들이 일기를 대하는 마음이 가볍기를 바란다. 그래서 항상 강조하며 늘 말하는 몇 가지가 있다.

매일이 원칙이지만 매일 쓰지 않더라도 잘못은 아니다.
일기가 짐이 되서는 안 된다.
진실한 글이면 한 줄도 좋다.
억지로 길게 쓰지 마라.
글자는 틀려도 된다.
정해진 형식 없이 쓰고 싶은 대로 쓰면 된다.
특별한 일을 쓰지 말고 기억하는 일을 써라.
겪은 일이 아니라 생각한 일을 써도 된다.
아침이나 새벽에, 아니면 학교에서 써도 좋다.

많은 날들 중에는 일기 쓰기 싫은 날도 있다. 가출하고 싶은 날, 심지어 죽고 싶은 날도 있는데 일기 쓰기 싫은 날쯤이야 얼마나 많을까.

재수 없는 날, 짜증나는 날, 힘든 날, 기분이 울적한 날, 뭐든 귀찮은 날에 일기가 쓰기 싫다면 쓰지 말아야 할 일이다.

종일 신 나게 논 날도 마찬가지다. 즐거움에 젖어 늦은 시간까지 행복한 날, 그 속에서 빠져 있다가 '아차, 일기'라도 한다면 느끼던 행복은 반감될 것이다.

희원이가 일기 쓰기 싫은데 일기를 썼다. '나 때문에 억지로 쓴 건 아닐까?' 하는 생각에 미안해진다.

낯선 경험

10월 4일 토요일

 산들 마을에 사는 사촌 이모가 백화점 건너편에 패밀리 레스토랑 좋은 곳이 생겼다고 점심을 사 준다고 가자고 했다. 안심스테이크를 시켰는데 피가 보여서 나는 먹지 않고 스파게티만 먹었다. 어른들은 이렇게 살짝 익혀야지만 맛있다고 하는데 나는 무섭다. 아미 언니와 이모는 익지 않았는데 잘 먹는다. 참 신기하다. 이모가 엄마와 나보고 촌스럽다고 한다. 이모 가족들은 외국 여행을 많이 해서 외국 사람들이 다 된 것 같다.

임수진

선생님 일기

　초등학교 때 친구들과 함께 윗동네에 사는 친구네 집에 놀러갔다. 대문에 들어서는 순간부터 입이 떡 벌어졌다. 마당에는 큰 개가 한가롭게 누워 있었는데 그 개가 지치도록 뛰어다닐 만큼 마당이 넓어 보였다. 담장 앞에 큰 나무가 있었는데 물어 보니 모과나무라고 했다. 집에 갈 때 모과 하나씩 가져가라는 말을 했는데 그 말은 좀 잘난 척하는 것처럼 들렸다.

　집 안은 더 화려했다. 천장은 그동안 보아 온 집들과는 비교가 안 될 만큼 높았으며 미술관 작품처럼 놓인 거실의 장식품을 훑어보는 데도 한참 걸렸다. 친구 어머니가 간식이라며 하얗게 생긴 뭔가를 뜨겁게 구워 내오셨는데 생전 처음 보는 것이었다. 나만 처음 보는 것인지 아무도 그게 뭐냐고 묻지 않았다. 결국 그 이름이 뭔지 모르고 먹다가 무척 궁금해서 물어 보니 마시멜로라고 했다. 몰랐던 사실에 조금 자존심이 상했다.

　방에서 실컷 뛰어놀다가 화장실이 가고 싶어졌다. 화장실은 물어 보지 않고 스스로 찾아갔다. 아마 작은 것이 아니고 큰 것이라 물어보기가 그랬던 것 같다. 화장실은 우리 집과는 다르게 수건도 여러 장 있었고 욕조도 크고 화분도 있었다. 문제는 그때부터였다. 화장실에서 소변인 것처럼 보이려고 빨리 일을 보고 물을 내리려고 하는데 양변기의 레버를 내려도 물이 나오지 않았다. 몇 번을 계속해도 헛바퀴가 도는 레버를 보니 갑자기 눈물이 찔끔 나왔다. 이렇게 좋은 화장실에서 이대로 나간다는 것은 생각만 해도 끔찍했다. 이 사실을 친구가 알게 된다고 생각하니 너무 창피했기 때문이다. 다행히 난 화장실에 간다는 것을 아무한테도 말하지 않았기 때문에 몰래 살짝 나와 다시 친구들한테 갔다. 아무 일도 없었다는 듯이.

그리고 집에 갈 때 모과 하나를 들고 나왔지만 그 후로 며칠 동안 그 부잣집 녀석을 보면 왠지 찔끔했다. 그 녀석이 나를 보고 웃기라도 하면 더더욱 어쩔 줄 몰랐다. 그럴 때마다 아무도 모르는 일인데 내가 왜 이럴까 하면서도 혹시나 하는 불안한 마음에 녀석을 똑바로 쳐다볼 수 없었다.

요즘은 학교 화장실에서 똥을 눈다는 것은 아이들 사이에서 창피하고 부끄러운 일이 되었다. 그럭저럭 오줌은 허용되지만 똥은 수치스럽다고 여긴다.

똥 마렵다는 말과 나의 대답은 이렇게 세련된 표현으로 바뀐다.

"선생님, 배가 살살 아파요. 보건실에 갔다 올게요."

"그래, 갑자기 왜 아플까? 다녀와."

> 일보러 집에 갔다 온다는 말을 할 정도로 화장실은 텅텅 비어 있다. 맘 편하게 화장실을 이용하는 분위기를 조성하는 것은 이제 생활 지도의 중요한 한 부분이 되었다.

웃음
10월 13일 목요일

　오늘은 성경이네 집에서 리코더 연습을 했다. 그런데 성경이랑 나랑 자꾸 웃음이 나왔다. 눈을 감고 연습을 하다 피식 웃는 친구는 '손바닥 맞기'라고 정했다. 그러니까 혜원이랑 나랑 성경이가 리코더를 불다가 웃지 않았다.

김다혜

선생님 일기

　친한 친구들끼리 항상 붙어 다닌다. 토끼처럼 생긴 애들이 서로가 서로를 따라 하면서 붙어 다닌다. 나한테 질문을 할 때도 둘이 같이 나온다. 복도 청소를 할 때도 대걸레를 같은 방향으로 똑같이 밀면서 청소한다. 나를 놀릴 때도 같이 놀리고 도망칠 때도 같이 도망친다. 그러면서 잘 웃는다. 웃는 것도 서로 따라 하다 보니 둘이 있으면 웃음소리가 엄청 크다.

　사람이 한 번 웃을 때의 운동 효과는 에어로빅을 5분 동안 한 것과 같으며, 한 번 크게 웃기는 윗몸 일으키기 25번, 10초 동안 웃기는 노 젓기 3분, 15초 박장대소는 100미터 전력 질주의 운동 효과와 같다고 한다. 크게 웃으면 근육뿐만 아니라 위장, 심장까지 움직이게 만들어 몸이 튼튼해진다고 한다. 그러니 웃을 때는 배꼽을 잡고 크게 웃는 게 좋겠다.
　엔도르핀 같은 쾌감 호르몬, 엔케팔린이란 통증을 없애는 호르몬 또한 나온다니 이 효과를 돈으로 환산하면 한 번 크게 웃을 때마다 돈벼락을 맞는 셈이다.

다섯 살짜리 어린이는 하루에 250번쯤 웃는다고 한다. 어린이들은 이렇게 많이 웃지만, 나이가 들수록 웃음은 점점 줄어든다. 어른은 하루 평균 15번 정도 웃는 게 고작이란다. 나도 나이가 들어 갈수록 웃음이 점점 줄고 있는 것 같다. '선생님이 늙으면 저를 생각해 달라'는 씁쓸한 편지가 또 아른거린다.

웃음소리가 쩌렁쩌렁한 교실에서 웃음이 적은 사람은 나뿐이다.
이제 그만 웃으라고 하는 사람은 나뿐이다.
지칠 줄 모르는 아이들의 웃음이 부럽다.

어디서 웃어야 할지?
10월 16일 일요일

언니가 재미있는 이야기를 들려주었다. 엄청 재미있었다. 그중에서도 가장 재미있는 건 이거다.

어느 날 오뎅과 떡볶이가 달리기를 하였다. 떡볶이는 있는 힘을 다해 달렸다. 그런데 오뎅이 오지 않았다. 얼마 후 오뎅이 땀을 뻘뻘 흘리며 걸어왔다. 떡볶이가 화가 나서 어디 갔다 왔냐고 오뎅에게 물었다. 그러자 오뎅이 하는 말, "간장 찍고 왔지."

이지인

선생님 일기

내 휴대폰은 많이 낡았다. 숫자도 거의 안 보일 정도다. 지인이가 내 휴대폰을 보더니 친구한테 한 마디 건넸다.
"쌤 꺼 핸드폰 되게 늙었다."
그 말을 듣고 엄청 웃었다. '낡았다'와 '늙었다'의 차이일 뿐인데 희한하게 웃겼다.

급식 당번이 반찬을 나눠 주는데 반찬이 남았다. 아이들이 그렇듯 고기의 종류를 잘 구분하지 못하는 급식 당번 진혁이가 생선튀김이 남은 것을 보고는 아이들한테 소리쳤다.
"야! 치킨 더 먹을 사람 나와!"
"나아, 나! 치킨 엄청 맛있다."

슬기로운 생활 수업 시간에 나무가 우리 생활에 이용되는 예를 발표해 보았다.
"산사태를 막아 줍니다."
"가구로 만들기도 하고요, 옛날에는 땔감으로 연료로 썼어요."

"고무나무로 고무를 얻어요."

그때, 명균이가 손을 들고 발표했다.

"효자손이요, 대나무!"

진혁이가 아이들에게 퀴즈를 냈다.

"어떤 사람이 63빌딩 옥상에서 떨어졌는데 하나도 안 다친 거야, 왜 그랬게?"

아이들이 손을 들어 수십 개의 답을 말했지만 다 틀렸다.

지친 아이들은 답 맞추기를 포기하고 진혁이에게 답을 물어 보았다.

"응, 답은 바로, 바로, 꿈이라서."

어렵고 황당하고 웃긴 답이다.

아이들의 이야기를 듣다 보면 웃음이 나온다. 해가 갈수록 더 웃음이 나온다. 아이들의 웃음 코드를 조금씩 이해해 가고 있다.

웃음 코드가 아이들 쪽으로 맞춰지면서 정작 내 친구들의 유머에는 썰렁하게 반응하는 횟수가 늘고 있다.

학예회

11월 4일 금요일

　오늘은 학예회를 했다. 학예회는 어디서 했냐면 우리 학교 2층 다목적실에서 했다. 다목적실에는 내 친구 부모님들이 있었다. 난 구경한 가족이 할머니다. 기분이 좋았다. 친구들은 멋지게 발표가 끝났다. 나는 동화책 '할아버지의 천사'를 잘 읽었다. 아주 조금 부끄럽지만 아주 잘 했다. 우리 할머니도 잘했다고 했다. 친구들은 '할아버지의 천사' 책이 감동이라고 했다. 난 기분이 좋았다. 그래서 오늘은 멋진 하루였다.

우남원

선생님 일기

한 달 동안 오늘의 학예회 두 시간을 위해 얼마나 노력했던가. 하지만 특기가 없어도 특기를 만들어야 하고, 앞에 서서 발표하는 게 두려워도 어쩔 수 없이 발표를 해야 하는 학예회는 몇몇 아이들한테는 큰 부담이 된다.

연습을 해 오면서 발표를 두려워하는 아이들에게 강조했던 말이 있다.

"두려움을 없애는 최고의 방법은 자신감을 갖는 거야. 다들 자신 있게 하자."

"아무거나 좋아. 하고 싶은 걸 하면 돼. 앞에 나가서 까마귀 소리를 내도 좋아."

'까마귀 소리'는 아이들에게 읽어 준 《까마귀 소년》의 주인공 땅꼬마가 학예회 때 보여준 특기다. 아이들이 멍청이라고 놀리던 수줍은 땅꼬마는 학예회 때 까마귀 소리를 흉내 내서 사람들의 입을 떡 벌어지게 했다. 알에서 갓 깨어난 새끼 까마귀 소리, 그다음에는 엄마 까마귀 소리, 아빠 까마귀 소리도 냈다. 또 이른 아침에 우는 까마귀 소리, 마을 사람들에게 좋지 않은 일이 생겼을 때 까마귀들이 우는 소리, 즐겁고 행복할 때 내는 소리도 냈다. 마지막으로 고목나무에 앉아 우는 까마귀 소리를 흉내 내며 "까우우워워아악! 까우우워워아악!" 목구멍 깊은 곳에서 아주 별난 소리를 토해냈다. 사람들 마음이 산속 까마귀한테 갈 정도로 놀라운 소리였다. 아이들은 이 이야기에서 힘을 얻었다.

드디어 기다리던 학예회. 어른들 앞에서 떨지 않고 자신의 발표 그 자체에 몰입하는 모습은 연습 때와 달리 침착하고 어른스러웠다. 오늘 발표에 아이들은 만족했다.

오늘 학예회 중에 진혁이의 태권도가 가장 기억에 남는다. 진혁이와 친구들 몇이서 함께 태권도 시범을 보이기로 했는데 연습을 못해서 친구들한테 피해를 줄까 봐 며칠 전부터 걱정을 해 왔다.

하지만 진혁이는 오늘 모두를 재미있게 해 주었다. 네 명이서 태권도 시범을 보여 주는 발표였는데 진혁이는 시범 대신 사범님 역할을 했다. 같이 발표하는 다른 세 친구들이 잘하나 못하나 왔다갔다 감시하면서, 자세도 보아 가면서 크게 구령을 붙여 주며 자세를 교

정해 주는 당당한 사범님이 되었다. 그 장면은 참 진지했지만 구경하는 우리들은 웃음을 참을 수 없었고 진혁이는 학예회 스타가 되었다.

진혁이의 학예회 성공 비결은? '당당함'이었다.
당당한 태도는 관객의 마음을 사로잡는다.

번개팅

11월 7일 월요일

　오늘은 학원에서 시험 성적표가 나왔는데 난 아주 공부를 잘한다고 나왔다. 너무 기분이 좋았다. 그리고 내가 좋아하는 사람이 있는데 어떤 여자애가 진혁이에게 알려줬다. 진혁이가 소문을 퍼뜨리지 못하게 등허리를 10대 때려 줬다. 내일 말하면 20대 때려 줘야지…….

이희원

선생님 일기

4학년을 담임하던 해의 일이다. 아침에 출근하자마자 한 남자아이가 씩씩거리며 말했다.

"선생님, 어제 번개팅했어요."

번개팅. 인터넷 채팅으로 여자를 만났다는 말이렷다. 깜짝 놀랐다. 그런데 초등학교 남녀 학생이 만나서 뭘 했을까 궁금했다.

"음, 만나서 뭐하고 놀았니?"

"동네 살아서 같이 게임하려고 만난 건데요, 게임도 못 하고 바로 헤어졌어요."

게임? 그 정도면 생각보다는 건전한 대답이다.

"그랬구나. 근데 왜 그냥 헤어졌어?"

"왜냐면요, 여자애였거두요. 당연히 남자인 줄 알고 만났는데."

아이의 푸념 섞인 대답에 나는 부끄러웠다. 아이의 눈으로 봐야 하는데 난 어른의 눈으로 보고 있었다. 채팅은 불건전한 일이고, 채팅해서 만나는 사람은 당연히 이성일 거라는 선입견. 내 예상은 다 빗나갔다, 다행히.

한 업체가 밸런타인데이를 맞이해 실시한 청소년의 이성 교제에 대한 설문 조사에 관한 기사를 읽었다. '첫 이성 교제 시기'에 대한 질문에 '초등학교 때'란 대답이 절반 이상을 차지했다. 너무 일러 놀랍기도 하지만, 사실 '이성 친구'와 '친한 남자 또는 여자 친구'의 구별이 모호한 시기라서 그런 조사 결과가 나온 것 같다.

요즘 병아리 2학년 교실에 모락모락 여기저기 열애설이 꽃핀다.
내용은 다 똑같다.
"○○랑 □□랑 사귄데."
그 이상은 없다.

기나긴 아침
11월 11일 금요일

빼빼로 데이

빼빼로 데이는
문방구가 좋아요.

빼빼로 데이는
슈퍼가 좋아요.

왜냐하면
빼빼로를
사서 줘야 하니깐.

장선아

선생님 일기

　해마다 찾아오는 11월 11일.
　'빼빼로 데이'라고 달력에 찍혀 있을 것만 같은 이 날은 아침부터 교실이 소란스럽다. 11일이 되기 훨씬 전부터 아이들 마음은 들뜬다. 며칠 전부터 누구에게 줄 것인가, 누구에게 안 줄 것인가를 정하는 작업을 하기 때문이다.

　그리고 그날이 되면 미리 준비해 놓은 빼빼로를 저마다 한 보따리씩 안고 학교에 온다. 아이들이 학교에 오는지 빼빼로가 학교에 오는지 모르겠다. 전쟁 시작! 아침부터 앞반 뒷반 여기저기 다니며 과자를 나눠 준다. 아니 뿌린다. 과자는 넘쳐나고 흔해져서 땅에 떨어진 것도 수두룩하다. 아이들의 책상과 복도에 과자와 함께 쓰레기도 수북하다. 내 책상 역시 기다란 과자가 한 보따리다.

　하지만 모든 아이들한테 설레고 즐거운 날은 아니다. 볕이 들면 그늘진 곳이 있듯 그 와중에 책상에 웅크린 아이와 시키지도 않은 독서 활동을 하며 책만 보고 있는 아이가 있다. 녀석들은 이날이 싫다. 해마다 찾아오는 11월 11일이 오지 않기를 바란다. 11일이 일요일이기를, 일요일이 아니라면 10일 다음에 12일이기를 바라고 있는지도 모른다.

그러나 오늘, 빼빼로 데이는 오고야 말았다.
'날 좋아하는 아이가 없는데 나한테 주는 아이가 있을까?'
'난 인기가 하나도 없으니까 못 받겠지?'
아침부터 학교에 오는 발걸음이 무거웠을 것이다. 교실에 도착하니 이미 친구들은 신이 나 있고 책상마다 가득한 과자를 세면서 다 합쳐서 몇 개 받았다고 자랑하고 다니는 모습이 부러웠을 것이다. 과자를 친구들에게 많이 나눠 주어야 받는 것도 많을 텐데 녀석들은 엄마가 과자를 사 주지도 않아서 나눠 줄 과자도 없다.
시선을 책에 고정한 채, 읽히지도 않는 책이지만 고개를 연신 끄덕이며 애써 웃음 짓는다. 오늘만큼은 빨리 수업이 시작되길 기다리며 나를 주목한다.

'너희들이 무슨 죄인이냐. 이따위 빼빼로 데이 없애 버리든지.'
"지금부터 빼빼로 꺼내면 내가 다 뺏어 먹는다."
나는 흐트러진 분위기를 수습하고 수업을 시작하였다. 그리고 결심했다.

'그래, 앞으로는 그 과자 내가 사 준다. 이제 너희들이 사오기 없기!'

얼마나 긴 아침이었을까, 그늘진 녀석들의 얼굴이 이제야 환하다.

인권 침해?
11월 14일 월요일

　일기는 중요한 것. 한 마디로 필수품이다. 내가 매일 일기를 쓰는 이유도 하루의 필수품이다. 일기는 추억의 책이라고 할 만하다. 어른이 되어 일기장을 보면 어떤 기억이 날까? 오늘 이 일기를 쓰는 게 너무 다르다. 참 재미있다.

신한설

선생님 일기

국가인권위원회에서 초등학교 교사가 학생의 일기장을 검사하는 것은 인권을 침해하는 것이라고 말했던 일이 있었다.

어린이도 하나의 인격체이며 인권을 존중받아야 할 권리가 있다는 것을 선생님들이 모를 리 없다. 완성되지 않은 하나의 인격체에게 관심을 갖고자, 하루하루 소중하게 생각하는 습관을 갖도록 하고자, 교육 과정에도 없는 내용을 나름대로 확신을 갖고 지도한 것을 고작 인권 침해라고 판정하다니 허탈하다.

학생과 교사의 대화 창구는 별로 없다. 교실에서 아이들과 내가 항상 마주보고 있는 듯 보이지만, 실제로 진실한 마음으로 서로를 마주하는 시간을 만들기는 쉽지 않다. 대화의 창으로 일기가 필요할 뿐이지 다른 의미는 없다.

교사는 일기를 보면서 학생을 평가하지 않으며 그 아이의 양심 형성에 관여하지도 않는다. 공개적인 숙제로 제시한 적도 없으며 글짓기 능력 향상이나 바른 글쓰기를 강요하지도 않는다. 일기를 도구로 아이의 사생활을 캐내고 싶어 하지 않는다.

옳고 그름, 좋고 나쁨 따위의 사실을 살피어 확인하거나 조사하여 판정한다는 뜻의 '검사'라는 말은 우리가 그냥 편하게 말하는 '일기 검사'에서의 '검사'의 의미와는 거리가 멀다. 정확히 말하면 '일기 확인'쯤 될 것이다.

> 교사는 일기장에 담겨진 아이의 말을 듣기 위해 일기를 본다.
> 인권 침해라고? 난 인정할 수 없다.

4
첫눈 오는 날

판결은 없다
11월 20일 일요일

　우리 반 교실에서 공기를 하다 수진이 공기 5개를 잃어버렸다. 그때쯤 ㅁㅁ가 그 공기를 가지고 있었고, ㅁㅁ가 가방에 공기 같은 것을 넣었다. 수진이는 ㅁㅁ가 의심이 간다고 하는데 정말 ㅁㅁ가 그 공기를 가져간 것일까? 사람을 의심하지 말아야 하는데 정말 갈등이었다. 5개가 없어져서 난 수진이에게 내 꺼 3개를 주었다. 정말 ㅁㅁ가 그랬을까? 난 안 그랬다고 생각한다. 내 공기 5개를 주고 싶은데 2개가 없어져 3개밖에 못 줘서 미안하다. ㅁㅁ가 분명히 안 그랬을 거라고 생각하지만 ㅁㅁ가 그럴 수도 있었을 것이다.

장선아

선생님 일기

    교실에서 수많은 사건과 맞닥뜨린다. 수많은 사건만큼 판결을 내려야 한다.

    6학년을 맡았던 지난 어느 날, 교실에서 한 학생의 지갑에서 만 원이 없어진 것이다. 분명 그 학생은 만 원을 가져왔고 친구들도 지갑에 넣는 것과 그 지갑을 다시 가방에 넣고 나오는 것을 봤다고 했다. 교실 문은 앞뒤 모두 잠겨 있었으며 빠진 학생 없이 모두 운동장에 모여 체육을 하고 들어왔을 때 발생한 사건이었다.

    순간 생각했다. '분명 우리 반 학생이 범인이겠군. 아이들을 위해, 멋있게 범인을 잡아내고야 말겠어.' 교실이 웅성거렸다. 범인을 잡아 달라는 아이들의 말은 여기저기서 계속되었다. 조용히 분위기를 잡은 뒤 아이들을 모두 자리에 앉히고 눈을 감게 했다. 그리고 감동적인 말로 마음을 움직이게 한 뒤 없었던 일로 하기로 약속하고 자수를 유도했다. 어떻게 해야 자수를 할까. 그래! 이거야.

    "돈을 실수로 가져갈 수 있습니다. 실수로 가져간 학생은 조용히 혓바닥만 내미세요. 아무도 보지 않으니 걱정하지 마세요."

오랜 시간 고심한 끝에 나온 생각치고는 무척 초라했다.

조용한 시간이 얼마나 흘렀을까. 한 학생이 갑자기 혓바닥을 내밀었다. 아무 일도 없었다는 듯 일단 마무리하고 수업 후 조용히 그 아이를 불러다가 물었다.
"왜, 그랬니?"
"네?"
"그거, 혓바닥. 지갑 말이야."
"뭐요?"
"돈이 필요했니? 괜찮아, 선생님은 아무한테도 말하지 않아."
갑자기 녀석이 이상한 소리를 했다.
"혓바닥이 뭐요? 저 내민 거 아니에요. 몰라요, 진짜."
그러더니 막 울기 시작한다. 갑자기 우는 게 이상할 정도로 황당했다. 혓바닥 내밀어 놓고 왜 우는 것인가? 이 녀석 범인이 아닌가? 갑자기 이 사건은 미궁에 빠졌다. 아이는 혓바닥을 내민 기억이 없다고 했다. 괴로웠다. 이 상황에서 난 어떻게 해야 하는 것인가? 결국엔 혓바닥을 내밀지 않은 것으로 인정하고 집으로 보냈다.

그날 도난 사건의 범인은 결국 찾지 못했다. 사건은 서서히 종료되었다. 찬찬히 따져 보면 만 원은 교실 안에 처음부터 없었을지도 모르는 일이다. 다행히 그해 도난 사건은 더 이상 발생하지 않았다. 이렇게 아이들 세계에서는 어떤 판정 없이도 갈등이 사라지는 일들이 많다. 순수함으로 꽉 들어찬 교실 안에 판결이라는 말 자체가 어울리지 않아서일까?

어떤 사건이 생겼을 때 아이들은 항상 나한테 먼저 달려온다. 아이들은 어떤 명쾌한 판결을 요구하는 것은 아니다. 그저 말 한 마디를 선생님이 들어 주길 원할 뿐이다. 그 말을 선생님이 들었으면 그것으로 안도하고 만족하며, 대부분의 사건은 작은 상처가 아물 듯 사라져 버린다.

교실 사건에 대한 판결은 늘 그런 식이다. 나는 판단을 내리고 싶지만 어느새 아무것도 아닌 일이 되기도 하고, 고민 끝에 명쾌한 마무리를 지었지만 평범한 일로 변해 있기도 한다.

아이들은 오늘도 내 주위에 모여 많은 사건의 해결과 판결을 요구하지만 뾰족한 수가 없어 별다른 방법을 알려 주지 못하고 고개만 끄덕일 때가 있다.

> 아이들이 원하는 건 명쾌한 해결이 아니다.
> 자신의 말에 귀 기울이고 마주 보며 이야기 나누기를 원할 뿐이다.

상을 받는다는 것
11월 21일 월요일

　오늘 난 상장을 받았다. 기분이 정말 좋았다. 상장을 보는데 불조심 그림 상이다. 그지만 쑥스러운 것도 있었다. 오늘 상장을 처음 받는 거다. 그런데 내가 그림을 잘 그리다니! 조금 이상한 일이다.

우남원

선생님 일기

　학교 행사에서 그리기를 하고 상 줄 학생을 뽑는 일은 참 어렵다. 내가 작품을 심사할 때면 주변에 아이들이 모여 너도나도 작품을 추천해 준다. 아이들과 내가 보는 눈이 같다는 것에 신기함을 느끼면서도 그대로 뽑을 수는 없다.
　시작도 하기 전에 결과가 훤하다면 누가 의욕을 가지고 열심히 학교 행사에 참여할 것인가? 그래서 상 받는 기준을 융통성 있게 정할 필요가 있다.

　그림을 잘 그리는 학생은 이미 아이들이 먼저 안다. 특히 기능과 같은 특기는 변하지 않기 때문에 잘 그리는 아이는 항상 잘 그리는 아이로 통한다. 사실 실력이 뛰어난 그런 아이가 상을 받는 게 마땅하지만 교육적인 효과를 생각한다면 조금 못 그려도 주제나 표현, 참여 태도가 좋으면 상을 받게 하는 것이 필요하다. 실력이 부족해도 상에 대한 기대를 품고 행사에 참여하며 스스로 발전하는 모습을 보일 때 진정한 배움이 일어났다고 할 수 있다.

학교 교육 과정 속에서 묵묵히 노력한 학생들보다 재능을 가진 학생들한테 상 받을 기회가 주어지는 경우가 많다는 것은 문제가 있다. 컴퓨터나 영어, 중국어, 그리기, 글짓기, 웅변 등 대회는 셀 수 없이 많은데 이러한 대회들이 학생들을 사설 학원으로 몰리게 하는 문제를 낳고 있다.

이런 대회는 어떨까?

친구하고 사이좋게 지내기 대회, 친구에게 편지쓰기 대회, 급식 안 남기기 대회, 이야기 잘 들어주기 대회, 잘 웃고 웃기기 대회, 청소 깨끗이 하기 대회, 시험 점수 많이 올리기 대회.

이처럼 상을 받는 아이가 또 받고 못 받는 아이는 못 받는 대회가 아닌 누구나 상을 받을 수 있는 행사를 통해 따뜻한 정서를 가진 성실하고 착한 아이들이 대접받는 대회 말이다.

그래서 가끔 시상식 때 놀라는 아이들이 있다.

못 그렸다고 생각했는데 상 받는 아이.

잘 그렸다고 생각했는데 못 받는 아이.

오해하지 마.
선생님이 너를 예뻐해서 상을 준 건 아니야.
또 네가 미워서 일부러 안 준 것도 아니야.

맘대로 안 되는 일

11월 21일 월요일

　오늘은 학교에서 이야기 나누는 게 있었는데……. 김수진, 황찬규, 황지석, 신한설이 내가 얘기할 때 안 들어 줘서 몹시 기분이 상하였다. 난 애들이 얘기할 때 들어 줬는데……. 그리고 오늘은 내 맘대로 안 된다.

이희원

선생님 일기

　살다 보면 내 맘대로 안 되는 일은 너무 많다. 특히 열심히 공부했는데 성적은 좋지 않게 나올 때, 그때는 공부한 아이도 가르친 나도 노력에 씁쓸한 배신감을 느낀다. 공부만큼은 뜻대로 됐으면 좋겠는데 말이다.

　작년 겨울방학 동안 2학년 아이들 다섯 명과 수학 부진아 캠프를 했다. 그야말로 지옥 훈련이다. 15일 동안 60시간. 수학만 60시간이다. 이것은 한 학기 동안의 수학 시간과 맞먹는다. 방학이라 쉬고 싶고 놀고 싶은 아이들이지만 열심히 학교에 나와 수학 공부를 했다. 수학만 15일 동안 한다는 것은 누구라도 힘든 일이라 공부하는 중간중간 간식도 먹고, 눈 오는 날은 밖에 나가 축구도 하고, 쉬는 시간에는 컴퓨터 게임과 보드 게임 등을 했으며, 토요일은 점심을 같이 먹으면서 서로 격려하며 목표를 향해 나아갔다.

　힘들었던 일도 있다. 캠프가 중반에 접어든 어느 날, 수업 시간에 짜증을 내면서 울고불고 집으로 가겠다고 도망간 아이가 있었다. 그 아이는 학교 주변에서 서성이며 시간을 다 보내고 끝날 때쯤 다시 공부방으로 돌아왔지만 결국 못 한 공부를 혼자 남아서 하고 가야 했다. 수학에 관심이 적은 아이들을 데려다 수학을 공부시키기란 평소 수업보다 몇 배 더 힘들어서 다섯 명도 벅찼다.

아는 것이 새록새록 생기는 즐거움 때문인지 시간이 지남에 따라 아이들이 점점 더 공부에 집중하게 되었다. 아이들은 더 적극적인 태도로 의욕을 보이면서 캠프 마지막 날 보는 성취도 평가에 큰 기대를 하게 되었다.
　캠프 마지막 날이 되었다. 아이들은 성취도 평가 시험에 비장한 각오로 임했다.
　'처음 본 진단 평가보다 떨어진 아이는 절대로 없을 거야. 이렇게 열심히 했잖아.'

　나도 아이들도 다 그렇게 같은 생각을 하면서 시험을 치렀다. 시험이 끝나고 채점을 했다. 대부분의 아이들이 성적이 향상되었고 채점을 지켜 본 아이들은 기뻐했다. 그러나 한 아이만 시무룩했다. 열심히 했는데 성적은 오르지 않았다. 왜 오르지 않았을까? 열심히 했는데. 괜찮다고 위로했지만 아이는 위로받지 못한 모습이었다. 눈에 보이는 점수가 말해 주는 결과는 아무것도 없었다.

> 지옥 훈련 15일.
> 지옥 훈련을 해도 오르지 않은 점수는 어떻게 설명해야 하지?
> 있잖아, 눈에 보이는 점수 말고 눈에 보이지 않는 점수를 보렴.

작은 키로 고민하는 아이들에게
11월 26일 토요일

　정말 오랜만에 롯데월드에 갔다. 거기서 예전 때는 키가 110센티여서 놀이 기구를 많이 못 탔지만 요번에는 키가 123센티여서 못 탔던 놀이 기구도 많이많이 탔다. 난 이게 정말 꿈인 줄 알았다. 놀이 기구를 어른들만 탈 줄 알았는데 이 놀이 기구는 나도 탈 수 있는 거다. 내가 제일 좋아하는 놀이 기구가 충격을 제일 많이 먹는 놀이 기구다. 내가 키가 123이라니 믿을 수 없는 일이다.

　　　　　　　　　　　　　　　　　　우남원

선생님 일기

　키가 큰 사람을 빗댄 속담이 많다. 대부분 키가 큰 것을 놀리는 속담이다.

　키 크면 속없다.
　군불 장대인가 키만 크다.
　땅 넓은 줄은 모르고 하늘 높은 줄만 안다.
　물독 뒤에서 자랐느냐.
　봉산 수숫대 같다.

　하지만 현실은 다르다. 키가 작은 사람은 키가 큰 사람을 부러워한다. 큰 사람은 작은 사람을 부러워하지 않는다. 평등한 공간의 상징, 학교에서도 그렇다.

　키가 작았다는 나폴레옹의 이야기가 있다.
　나폴레옹의 키는 158센티미터 정도였다. 한번은 나폴레옹이 의자 위에 올라서서 책장에 꽂힌 책을 꺼내려고 하였다. 이것을 본 장군

하나가 다가서며 말했다.

"죄송합니다만 제가 폐하보다 훨씬 크니까……."

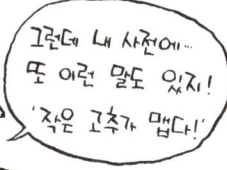

나폴레옹은 얼굴을 찡그리며 말했다.

"그대가 나보다 큰 것은 아닐세. 등이 좀 높을 뿐이지."

키에 관한 나폴레옹의 유명한 명언도 있다.

'나의 키는 땅으로부터 재면 작지만 하늘로부터 재면 누구보다도 크다!'

긴 인생을 놓고 보면 키 때문에 고민하는 시간은 많지 않다. 지금의 내가 그냥저냥 이 정도면 됐다고 하면서 사는 걸 보면 말이다. 키가 작으면 어떻고, 또 크면 어떤가? 키가 작더라도 큰 매력이 있을 수 있고, 키가 커도 별 매력이 없을 수 있듯 키라는 게 사람을 판단하는 결정적인 잣대는 아니다.

작은 키로 고민하는 아이들에게 이 말을 해 주어야겠다.

"얼굴이 서로 다르듯 키도 서로 다를 뿐이야. 너는 너대로 나는 나대로 여러 모습이 함께 어우러져 개성 있게 살아야 이 세상이 더 즐겁지 않겠니? 알록달록한 꽃밭이 더 예쁜 것처럼 말이야."

첫눈 오는 날

11월 29일 화요일

첫눈이 왔다. 한 장 앞으로 일기장을 넘기면 11월 22일, 일주일 전에 쓴 '눈'이라는 일기가 있다. 그땐 눈이 올까 안 올까? 걱정하고 궁금해 했다. 그런데 오늘 첫눈이 왔다. 새하얀 눈이 예뻤다. 난 상상하지 못했던 일이 일어난 것 같아 기뻤다.

양정훈

선생님 일기

  내 수업이 창밖으로 내리는 눈을 이길 수 없다. 아이들은 눈 내리는 동안은 수업에 집중하지 않는다. 눈이 내릴수록 수업은 더 힘들다. 눈발이 날리는 날은 운동장으로 나가야 한다.

  몇 년 전 눈이 펑펑 내리는 날, 운동장에 나갔다가 눈 속으로 사라져버린 아이들을 몇 시간이나 찾아다닌 적이 있다. 이렇게 눈이 내리면 눈에 흠뻑 빠져서는 이성을 잃고 운동장을 헤매는 어린 영혼들이 있다.

마음은 몽땅 창문밖 눈송이

첫눈 오는 날 창문 보기
－문현식

오래전부터 널 기다렸어

수업 시간에 올지

쉬는 시간에 올지

아니면 점심시간에 올지 몰라서

틈만 나면 창문을 보며 기다렸어

밤에 올까 봐 걱정 많이 했어

잘 때 찾아오면

아침에 본 네 모습엔

발자국이 많아서

지금처럼 설레진 않았을 거야

이 수업만 끝나면

너한테 제일 먼저 달려갈게

지금 창밖을 보고 있는 사람은

다행히 나 혼자야

> 솜털처럼 눈이 날리는 날,
> 교실 안 아이들의 눈도 창밖으로 날린다.

시험 끝나기 5분 전

11월 29일 화요일

　오늘은 학교에서 기말고사 시험 연습을 했다. 그런데 기말고사 연습 시험을 정말 못 맞았다. 뒤에는 다 틀렸다. 왜냐하면 시간이 없어서 다 못 했다. 그리고 앞에는 60점이다. 기분이 정말 나빴다. 집에 간 후 할머니가 그 시험지를 보았다. 잠시 후 할머니는 시험지를 다 보시자마자 소리를 크게 질렀다. 내가 바보고 멍청이다. 앞으로 공부를 잘 해야겠다.

　　　　　　　　　　　　　　　　　　　우남원

선생님 일기

시험 보기 며칠 전부터 아이들의 죽는소리는 계속되었다.
"이번 시험엔 꼭 100점 맞아야 돼요."
"90점 안 되면 컴퓨터 못 해요."
"못 보면 엄마한테 죽어요."

죽을 수도 있는, 생명이 걸린 시험.
하지만 수업 시간처럼 시험 시간에도 창밖을 내다보며 생각에 잠기는 아이, 옆 친구가 잘 푸는지 궁금해 하는 아이, 힐끔힐끔 내 얼굴을 보는 아이, 벽에 걸린 시계를 자꾸 쳐다보는 아이, 누가 볼까 시험지 가리느라 바짝 긴장한 아이, 코딱지만 파는 아이, 모르는 문제를 넘어가지 못하고 1번 문제에서 멈추어 있는 아이…….
문제에 집중하라고 잔소리를 하지만 별로 소용이 없다.
그러다가 녀석들을 정신 번쩍 들게 하는 한 마디가 있다.
"시험 5분 남았다."

막 풀기 시작한다.

창밖을 보지 않고, 옆 친구한테 신경 쓰지 않고, 내 얼굴은 보지 않고, 시계를 보지 않고, 시험지를 가리지 않고, 코딱지 안 파고, 2번 문제를 풀기 시작한다. 몇몇 아이들은 얼굴이 벌겋게 달아오른다. 엄마의 화난 얼굴이 떠올랐을까? 불행하게도 그런 아이들은 문제를 찍는 법도 모른다. 정직하게 자기가 스스로 푼 문제만 시험지에 써서 낸다. 조금 알아도, 아예 몰라도 정확히 알지 못하면 빈 칸이다. 즉, 조금 아는 것은 모르는 것과 같다. 이럴 땐 너무 솔직하지 않았으면 하는 심정이다.

채점을 마치고 시험 결과를 알려 주었다.

점수를 확인하고는 풀이 죽었다. 몇 분만 더 집중해서 풀었더라면 시험을 더 잘 볼 수 있었을 텐데 안타깝다.

시험 점수를 알고 집으로 가는 발걸음이 무겁다.

'얘들아, 오늘 하루도 무사히 살아남기를.'

뚜벅뚜벅 상처만 안고 집으로 돌아가는 길, 전쟁터에서 살아 돌아온 아이를 말없이 꼬옥 안아주는 엄마를 상상한다.

눈싸움

12월 5일 월요일

　오늘은 학교에서 눈싸움을 했다. 2학년 2반이랑 같이 했다. 눈싸움을 하는데 등에 눈이 들어가서 차가웠지만 재미있었다. 나는 장갑이 없었는데도 눈싸움을 했다. 얼굴에 눈이 맞아서 좀 아팠다. 눈싸움은 여럿이 하는 게 재미있다. 그리고 방심하다가는 얼굴을 맞게 된다는 걸 알았다.

김지민

　오늘은 처음으로 우리 반이 운동장에 나가 눈싸움을 했다. 그것도 2반과 같이 눈싸움을 했다. 난 한 대도 안 맞았고 난 잘 했다. 근데 집으로 올 때 얼음판에 미끄러졌다. 엉덩이가 아팠지만 오늘은 기분이 끝내주었다.

우남원

선생님 일기

안녕?

선생님이 일기를 쓰는 지금 너희들은 자고 있겠구나.

선생님은 조용한 밤에 일기를 써.

너희들이 잘 시간쯤에.

오늘은 학교에서 눈싸움을 하던 생각을 했어.

그랬더니 너희들한테 편지를 쓰고 싶어졌어.

나 오늘 너희들한테 완전히 반했다.

눈싸움을 하면서 나를 보호해 주는 모습에 말이야.

사실 2반하고 눈싸움하자고 할 때 선생님은 무서웠단다.

2반 녀석들이 날 공격할 게 뻔했거든.

그러면 난 어떻게 될까?

눈에 묻혀 눈사람이 되면 어떡하지?

눈덩이에 맞아 눈에 시퍼런 멍이 들면 어쩌지? 그런 생각을 했었어. 너희들이 하자고 하도 졸라서 어쩔 수 없이 눈싸움을 했던 거야.

시작하자마자 싸움이 되었지?

눈싸움이니까 싸워야 맞는 건가?

몇 명은 눈에 맞아 울고 넘어져서 무릎이 까지고…….

여기저기 쓰러진 부상자와 눈물을 보니까 흰 수건을 던져 항복해야 될 것 같더라.

그래도 너희들 웃음소리는 끊이질 않았어. 웃음소리만 크지 않았다면 다른 사람들은 전쟁이 난 줄 알았을 거야.

다른 반 선생님을 집중 공격하기로 했지?

하지만 나는 너희들이 잘 보호해 주어서 눈덩이를 별로 맞지 않았어. 나를 위해 싸우는 너희들의 모습이 얼마나 용감했는지 아니?

2반 아이들이 던진 눈을 몸으로 막으면서 달려 나갔잖아.

대장인 2반 선생님한테 눈을 던지기 위해 말이야.

장갑도 끼지 않은 빨간 손으로 눈을 뭉치는 모습은 불쌍하더라.

재원이가 2반 선생님한테 혼나는 걸 봤어.

선생님의 얼굴에다 눈덩이를 계속 던졌거든.

2반 선생님이 눈을 닦아내며 나를 째려봤지만 모른 척 했단다.

승리를 위해서는 어쩔 수 없어.

결국 재원이의 공격으로 2반의 항복을 받아냈지.

용감함으로 이룬 너희들 모두의 위대한 승리였어.

아까 너희들한테 하고 싶었던 말을 하고 이제 자야겠다.

> 미안해, 고마워, 사랑해. 잘 자!

미지근한 물과 따뜻한 물

12월 6일 화요일

 뜨개질을 했다. 선생님의 목도리를 짜 드리려고 하는 것이다. 그런데 이미 짠 목도리가 선생님한테 있는데 선생님은 그거만 하시고 다니실 것 같다. 그래서 드리기가 좀 그런 것 같다. 선생님은 보라색을 좋아하실지 모르겠다. 좋아하시지 않는 것 같지만 보라색이 선생님께 잘 어울린다. 난 선생님께 잘 해드리려 하는데 선생님은 날 싫어하는 것 같다. 뜨개질을 좀 하고 잠을 잤다.

장선아

선생님 일기

　감기 몸살 때문에 힘겹게 학교에 출근한 날, 수업을 하기 힘들어서 아침부터 엎드린 채로 있었다. 아침 자습이 끝났지만 내가 책상에 계속 엎드려 있으니 현하가 다가와 물었다.

　"선생님, 왜 그러세요? 어디 아프세요?"

　"으응, 좀 아파서."

　대답을 간신히 하고 정신을 차리려고 했는데 몸이 말을 듣지 않았다. 집에서 가져온 약을 먹으려고 하는데 물이 없었다. 현하한테 미안한데 물 한 잔만 가져다 달라고 컵을 건넸다.

　정수기는 교실 옆 복도에 바로 있는데 한참을 기다렸지만 현하가 오지 않았다. 오들오들 떨면서 기다리는 시간이 더 길게 느껴졌다.

　'어디서 누구를 만나 놀고 있나 보군.'

　괜한 심부름을 시켰다고 생각했다.

　얼마나 지났을까? 엎드려 깜빡 잠이 들었을 때, 현하가 나를 깨웠다.

　"선생님, 물 떠 왔어요."

"응, 그래. 고마워."

약을 꺼내서 물을 마시는데 물이 뜨뜻미지근했다.

"물이 왜 이래? 미지근하네?"

"여기는 뜨거운 물이 안 나와서 1층 정수기로 내려가서 떠 왔어요. 찬물하구 섞어서."

주춤주춤 뒤로 돌아서는 현하의 뒷모습을 보는 순간, 나의 실수를 깨달았다. 그래, 교실 옆 정수기에서는 찬물만 나오는데 말이다.

물이 왜 이렇게 미지근하냐고 묻는 것보다 따뜻한 물을 일부러 받아줘서 참 고맙다고 말했어야 했다.

> 이렇게 가끔씩,
> 그래도 선생님이라고 대접하는 아이들에게
> 깊은 감동을 받는다.

쉬는 시간에 쉰 사람?

12월 10일 토요일

우리 반의 쉬는 시간

우리 반의 쉬는 시간은요
참새들이 먹이 먹을 때 내는 소리
쫑알쫑알 소리를 내는 것처럼 시끄럽지요.

우리 반의 쉬는 시간은요
선생님이 오시려고 하면 재빨리 자리에 앉아 있으면
선생님이 "잘하고 있구먼"이라고 말씀해요.

특별히 하는 것도 없고 구슬치기와 공기
또는 카드를 하지요.
정말 우리 반의 쉬는 시간은 즐거워요.

장선아

선생님 일기

쉬는 시간 종이 울리자마자 아이들은 자리에서 일어선다. 자리에서 일어나 친구를 부르고 소리를 지르며 뛰어다니기 시작한다. 종소리는 조용히 웅크려있던 마음을 깨우는 폭발음이다. 종소리가 울리면 무조건 쉬는 시간이다. 무조건!

쉬는 시간
−문현식

딩. 동. 댕.
종소리에
교실 구석 도둑이 나타났다
입으로 사이렌 소리 내는 경찰이 있다
빗자루 총 든 군인이 있다
칠판 앞에는 헉헉거리는 레슬링 선수와
3단 변신 로봇과의 대결
고추 잡고 화장실로 달음박질하다
선생님한테 걸려 오리걸음,

그래도 선생님의 화난 목소리는

10분 토론 목소리보단 작다

털기춤 댄스 경연 대회

거울 앞에는 못 말리는 패션쇼

딩. 동. 댕.

종소리 끝자락에 매달린 순간까지

숨을 몰아쉰다

쉬는 시간에 쉴 사람 아무도 없다.

> 그리고 공부 시간은 쉬는 시간에
> 방전된 몸을 충전하는 시간.

일기 쓰기
12월 11일 일요일

　나는 오늘 일어나서 씻고 아침밥은 떡국을 먹었다. 옷 입고 아빠가 없어서 엄마랑 동생이랑 나랑 버스를 타고 교회를 갔다. 거기서 찬양을 배우고 집에 갈라고 그러는데 성가대 음식을 안 받아서 다시 올라가서 또 가만히 생각해 보니까 장갑을 두고 와서 또 다시 올라가서 찾아와서 7번 버스를 타고 미용실에 가서 동생은 파마를 하고 나는 매직을 했다. 근데 동생은 조금 빨리 끝났는데 나는 오래 걸려서 짜증이 났다. 그리고 집에 와서 햄버거를 먹고 숙제를 하고 엄마 저녁 준비하실 동안 좀 놀고 밥 먹을 때 텔레비전을 보고 먹어서 늦게 먹었다. 그리고 일기 쓰고 가방을 챙기고 양치를 하고 잤다.

최성경

첫눈 오는 날

선생님 일기

　성경이가 쓰는 일기에는 항상 하루가 통째로 담겨 있다. 눈 뜬 시간부터 눈 감은 시간까지 일기장에 다 기록되어 있다.
　하루를 몽땅 기록하는 일기를 보면 매일매일 특별한 일을 찾아내기가 쉬운 일이 아니라는 생각이 든다. 날마다 비슷한 일들이고 되풀이 되는 하루 속에서 특별한 일은 가끔 일어난다. 그런데 매일 특별한 일을 쓰라고 말하는 것은 일기 쓰기를 더 힘들게 하고 글쓰기가 아닌 글짓기를 하라는 강요와 같다.

　나도 초등학교 때는 날마다 일기를 썼다. 6학년 담임선생님은 별명이 '맥아더 장군' 이었다. 색깔 있는 선글라스를 끼고 몽둥이를 들고 다니는 무서운 선생님이셨다. 6·25 전쟁 때 한 쪽 눈을 다쳐서 다친 오른쪽 눈에 개 눈깔을 박았다는 소문이 있었다. 맥아더 선생님은 무조건 특별한 일을 찾아서 글감으로 쓰라고 하셨고 밥 먹고 공부하고 잤다는 식의 일기를 써서 내면 몽둥이로 손바닥을 때리셨다. 그 후로 평범한 일을 쓰지 않기 위해, 아니 몽둥이를 피하기 위해 있지도 않았던 집안 잔치와 친구의 생일1, 생일 2, 입원, 여행을 상상하여 일기에 썼다.

　그렇게 일기를 쓰면서 상상력을 길렀다. 나의 하루는 평범했지만 일기 속의 또 다른 나는 더없이 즐겁고 행복했으며 기억에 남는 하루를 보냈다.

　특별한 일을 일기에 적으라는 법은 없다. 특별한 일 없이 하루를 통째로 쓰는 아이들의 일기도 하루를 돌이켜 보는 좋은 습관이 된다. 아침에 이불을 갰는지, 밥은 먹었는지, 숙제는 했는지, 텔레비전은 얼마나 봤는지, 잠자기 전에 양치질을 했는지 등의 사소한 일들도 다 적혀 있어 되새김의 시간이기도 하다.

> 고요 속 일기 쓰기.
> 하루를 되돌아보는 시간,
> 내일을 살아갈 힘을 모으는 시간.

수학의 저주

12월 12일 월요일

　나는 수학이 싫다. 난 원래 수학을 못한다. 이번 시험에도 다른 건 다 100점인데 수학만 76점이다. 저번 시험에도 수학을 제일 많이 틀리고 그전에도 그전에도……. 시험뿐만 아니다. 그냥 공부할 때도 집에서도 학교에서도……. 난 왜 이렇게 수학을 못할까? 수학책이 이제 몇 장 안 남았다. 그래서 난 기뻤다. 남은 몇 장도 빨리 끝내고 싶다. 이 수학의 저주를, 이 저주를 빨리 끊고 싶다.

양정훈

선생님 일기

　아, 2학년인데, 공부의 굴레는 이미 시작된 것인가. 성취도 평가를 보면 자녀가 국어, 수학 등 모든 교과에서 높은 점수를 받아야 학부모님은 안심한다. 그래서 점수가 넘치면 유지하기 위해, 부족하면 채우기 위해 벌써부터 여러 교과의 예습 학원을 다니고 추가로 과외도 한다. 부모님은 늘 자녀들이 좋은 성적을 받길 바라겠지만 부모의 욕심에 따라오는 스트레스를 자녀가 어떻게 풀고 있는지 따져 보아야 한다.

　몇 년 전에 '바다 속의 물고기처럼 자유로워지고 싶다'는 일기를 쓰고 자신의 방 베란다에서 목숨을 끊은 초등학교 5학년 아이의 자살을 기억한다. 학업 스트레스 때문에 어린 초등학생이 자살이라는 선택을 하다니, 참담하다. 우리 교육의 현실은 지금 바뀌고 있는 걸까? 성적 지상주의, 학부모들의 교육 이기주의, 지나친 교육열, 밤새 불을 밝힌 학원……. 나라에서 교육 체계의 전면적인 변화를 외치고 있지만 질적인 변화를 느끼긴 힘들다.
　아이들 사이에서 우등생과 열등생을 가르는 척도는 수학이다. 그래서 수학을 못하면 스트레스를 많이 받는다. 수학을 잘하면 똑똑한 아이, 계산 빠른 아이로 인정받고 수학을 못하면 공부를 못하는 아이, 심하면 머리가 나쁜 아이로 오해받는다. 그래서 수학 시험을 망친 아이들은 더 고개를 숙인다.

이제 초등학교 2학년. 길고 긴 공부라는 터널의 입구쯤 될까? 본격적인 공부를 시작하기도 전인 초등학교 2학년이지만 수학의 저주를 받는 아이들이 많다. 시험 점수를 보고 자신감을 잃는 것도 문제겠지만 수학을 원래 못한다며 자포자기에 빠지는 경우가 있다.

성적이 우선인가? 성품이 우선인가? 당연히 성품이 먼저다. 성품이 우선 올바를 때 학생의 좋은 성적을 기대하게 된다. 학생이 지닌 올바른 인성의 토대 위에 쌓이는 지식을 우리는 원한다. 2학년. 아직 올바른 인성의 토대를 닦는 중이다.

2학년 수학.
십의 자리, 백의 자리 더듬어 읽고 구구단을 외우면서 수를 배우기 시작하는 아이들이다.
남들보다 구구단 몇 개 못 외웠다고, 더해야 할 것을 뺐다는 이유로 공부를 못한다는 소리는 하지도 듣지도 말아야 한다.

겨울 방학

12월 16일 금요일

　방학이다. 너무 좋은데 친구들을 못 만나서 서운하다. 나는 그래도 3학년이 되어서도 열심히 공부를 할 거다. 그래서 시험 때도 1등을 할 거다. 아자! 난 꼭! 1등을 해서 엄마 소원을 들어줄 것이다. 난 51일 동안 공부를 열심히 할 거다. 힘내자. 치환아! 아자! 아자!

김치환

선생님 일기

　겨울 방학식. 1교시는 교장 선생님, 2교시는 담임선생님이 들려주는 뻔하고 뻔한 겨울 방학 알차게 보내는 방법 듣기. 즐겁고 건강하게 보내라, 부지런하게 계획적으로 시간을 보내라, 좋은 책을 많이 읽어라, 부족한 공부를 하는 실력 향상의 기회로 삼아라 등등.
　방학식 때마다 반복되는 녹음기 같은 이야기가 마음은 이미 길고 긴 방학 속으로 빨려 들어가 있는 아이들 귀에 얼마나 전해질지 의문이다.

　방학식이 끝나고 순식간에 집으로 사라지는 아이들 뒤로 남원이가 교실에 앉아 있었다. 혼자 교실에 남은 남원이의 표정을 보니 나한테 하고 싶은 말이 있는 것 같아 보였다. 아니나 다를까 방학 때 기초 학력 부진아 캠프에 자기를 뽑아달라는 것이었다. 기초 학력 부진아 캠프는 교과 학습이 뒤쳐지는 아이를 대상으로 방학 기간에 학교에 나와서 공부하는 일종의 보충 수업인데 부진아 대상자가 아닌 녀석이 방학 때 학교에 나오고 싶다며 제발 뽑아달라고 했다.

학생이 학교를 좋아하면 교사로서 참 기분 좋은 일이다. 그 말은 곧 선생님을 좋아한다는 말로 들리기 때문이다. 반대로 학교에 오길 싫어하면 걱정과 함께 내가 싫어서 그러는 건가 싶어 섭섭하고 서운할 때가 있다.

긴긴 겨울 방학이 시작되었다. 사람도 겨울잠을 자면 좋겠다. 봄에 틔울 싹을 품고 딱 방학 동안만 자는 거다. 그리고 봄이 되면 어른이건 아이건, 부자건 거지건, 잘생겼건 못생겼건, 행복하건 불행하건, 사랑을 하건 이별을 하건 누구나 똑같이 푸른빛으로 깨어나는 거다.

> 겨울 방학이 끝나면 새롭게 푸른빛을 더한 아이들과 만나는 상상을 한다.

> 같은 주제의 다른 어린이 일기

 1월 25일 금요일

　개학날이 얼마 남지 않았다. 개학하기 전에는 방학 숙제를 한다. 그 방학숙제는 방학마다 있는 게 아니다. 봄 방학에는 숙제가 없고 다른 방학은 숙제가 있다. 그런데 가을 방학은 왜 없을까? 그건 가을은 짧기 때문이다. 방학숙제는 개학하기 전에 해야 하는 건 당연한 일이지만 난 더 열심히 할 거다. (신한설)

할머니 생각

1월 4일 수요일

　할머니랑 내일 헤어져서 슬펐다. 할머니가 전에 울지 말라고 해서 울지 않았더니 숨이 제대로 안 쉬어졌다. 난 너무 슬펐다. 할머니와 즐거운 시간을 보내려고 노력을 했더니 슬픈 게 조금씩 사라지는 것 같았다. 숨도 제대로 잘 쉬어졌다. 할머니가 우리 집에 사시면 소원이 없을 것 같다.

장선아

선생님 일기

　급식을 하고 나면 가끔 남는 음식이 있다. 음료수나 빵, 우유 같은 것들은 인원에 맞춰 나오니까 결석한 학생이 있는 날에는 몇 개씩 남는다. 그러면 아이들의 법칙에 따라 가위 바위 보를 하거나 아니면 급식 당번의 특권으로 가져간다.

　물러터진 귤이 남은 날이 있었다. 터진 귤은 아무도 가져가지 않아 그냥 남겨지곤 한다. 그런데 무슨 까닭인지 ○○이가 하나 더 가져간다며 웃옷 안주머니에 주섬주섬 넣었다. 먹지 않고 그것도 터진 귤을 챙기는 모습이 궁금해 물어 보니 할머니가 좋아하셔서 하나 가져다 드리고 싶다는 것이다. 귤이 전해질 때쯤이면 뜨뜻해져 있을 가슴 속 귤 하나를 떠올리니 내 가슴이 먹먹해졌다.

귤 한 개
　　　　　　　－문현식

점심시간만 되면 ○○이는
밥 한 번 더 먹으려고
급식을 다 먹자마자

앞에 나와 줄을 선다.
거지새끼라고 놀리는
아이들을 뒤로하고
그렇게 늘 한꺼번에
아침과 점심을 먹는다.

급식에 귤이 나온 날,
터져서 더럽다고 아무도 안 먹은
껍질에 물 줄줄 흐르는
귤 하나를 집어 웃옷 속에 넣었다.

누런 담요 펴고 누워
안 듣는 라디오를 켜놓고
오늘도 ○○이 오기만을 기다릴
할머니 입에 들어갈 때쯤이면
아랫목보다는 더 뜨듯할,

저녁내 할머니가 오물거릴
가슴 속
귤 한 개.

> 옛날이야기를 들려 줄 할머니도, 할머니의 이야기를 넋을 놓고 듣는 아이도 많지 않은 요즘, 그래도 할머니를 생각하며 일기 쓰는 아이들이 있다.

모두 다 100
1월 17일 화요일

　사람들은 공부를 꼭 해야 한다고 믿고 있다. 왜 공부는 해야 할까? 공부 때문에 벼락치기라는 말도 생겨났고 공부를 안 하면은 "다리 밑에 거지 된다"라는 말도 생겨났다. 어른들은 공부를 꼭 해야 한다고는 하지만 억지로 시키는 것을 어린이들은 원하지 않고 있다. 하지만 공부를 너무너무 좋아하는 사람은 이 세상에 있을 거다. 취미가 독특한 사람 말이다.

김수진

선생님 일기

　같은 학년이지만 다양한 모습으로 생활하는 아이들. 이쪽은 바닥에 앉아 딱지를 치며 웃지만 저쪽은 조용히 책상에 앉아 책을 읽으며 웃는다. 누구는 고민이 남자 친구가 없는 것인데 누구는 고민하는 것조차 귀찮기만 하다.
　아이들의 생각은 많이 다르며 저마다 빛깔을 가지고 있다.
　하지만 학교에서는 학년에 맞게 맞추어 주길 바라고 있다. 학년에 맞는 모습은 뭘까? 대충 중간쯤의 성적을 유지하고 있는 아이들일까? '대충 가운데'를 기준으로 하는 학교이다 보니 중간 아래에서 허우적거리는 아이들만 힘들 뿐이다.
　그 아이들도 잘하는 분야가 있고 각자 재능을 가지고 있는데 계속 수학이나 국어 과목의 점수에 신경 쓰며 다그치는 것이 미안하다.

　만일 선생님이, "지난 시간에 달리기 못한 아이는 반성문을 써 오도록." 하면 이상하다.
　"합창 시간에 박자 못 맞춘 사람, 오늘 남아서 보충 수업을 하겠어요!" 하는 것도 이상하다.

능력보다 학력을 중시하는 풍토가 가져온 이상 현상이다. 학생의 시간 활용은 오로지 개인, 나만의 학력 향상에만 정당하다는 인식이 강해서 음악이나 체육과 같은 활동에는 학생과 학부모 모두 시간 투자나 가치 평가가 인색한 편이다.

누구나 100의 능력을 갖고 있다고 난 확신하다. 어떤 아이는 언어 능력 50, 대인 관계 능력 30, 운동 능력 20으로 100을 갖고 있으며, 다른 어떤 아이는 수학 능력 10, 음악 능력 30, 논리 능력 60으로 100을 채운다. 다 다른 아이들이지만 찬찬히 뜯어보면 다른 능력치로 모두 다 100을 채우고 있다. 시험 점수와 성적으로만 아이를 보니 그 사실을 깨닫지 못할 뿐이다.

일등과 꼴등은 어느 반에나 있다. 1등을 원하지만 누군가에 밀려 2등을 해야 하고, 원하지 않지만 누군가는 꼴등을 해야 한다. 체육대회를 하는 날, 같은 줄에서 똑같이 출발하지만 1등부터 꼴등은 정해지고야 마는 것처럼.

> 누구나 어떤 분야에서는 1등이고 어떤 분야에서는 꼴등이야. 그리고 아직 끝나지 않았어. 인생의 결승점은 아직 멀었거든. 힘내!

마음으로 이해하기

1월 27일 금요일

　아주 고요한 밤에 시골에 내려간다. 그 고요란 것은 바로 새벽! 새벽에 내려간다. 그래서 지금 이렇게 새벽이라 아주 고요하고 조용하게 말하고 있다. 지금 글씨가 커서 크게 말하는 것 같지만 사실은 조용하게 고요하게 말하고 있는 거다. 잘 내려갔다 올 꺼다.

신한설

선생님 일기

"지금 글씨가 커서 크게 말하는 것 같지만 사실은 조용하게 고요하게 말하고 있는 거다."

이런 독특한 매력을 가진 글처럼 교실은 늘 옥수수가 톡톡 튀는 팝콘기계 속 같다.

수업 시간에 장래 희망에 대해 이야기를 나누다 디자이너가 되고 싶다는 다혜가 질문을 했다.

"그러면 선생님은 장래 희망이 뭐예요?"

"???……"

대답을 하려다 멈칫거렸다. 교사가 된 나에게 장래 희망을 묻는 질문은 참으로 오랜만이었다. 어른이 되면서 일상에 길들여진 나에게 현실에 안주하지 말고 늘 변화를 꿈꾸라는 조언으로 들렸다. 한편 다혜가 꿈을 꾸는 같은 공간에 나를 넣어 주어 고마웠다.

스크랩해 놓은 아이들의 작품 중에 인상적인 시 한 편이 있었다. 어른들의 하루를 따라가 보니 어느새 하루가 가 버린 재미있는 시다.

어른들이 하는 일
(우남원)

어른들은 맨날 회사에 가시고
남은 시간은 은행에 간다
오전 9시 20분

그리고 어른들은 회사에서 열심히 일을 하신다
끈질기는 대머리 아저씨도 있다
오후 3시 5분

어른들은 일이 끝나면 술을 드신다
저녁 8시 1분

어른들은 그리고 노래도 부르신다
손뼉을 치면서
노래를 하면서
저녁 9시 20분

좋은 하루 되세요!
밤 10시

이렇게도 시를 쓸 수 있구나.

'끈질기는 대머리 아저씨'

오후 3시 5분, 어느 회사의 사무실에서 대머리 아저씨가 손수건으로 이마에 송송 맺힌 땀을 닦아가며 끈질기게 일을 하고 있을 것 같은 그림이 그려진다. 가르치지 않았지만 이미 스스로에게 와 있는 지혜를 본다.

교사의 일상을 특별하게 만드는 것은 이런 아이들의 팔딱거리는 생각이다. 아이들의 말과 행동은 언뜻 답을 보이지 않는 수수께끼 같다. 그래도 교사는 답을 찾아야 한다. 답이 없다면 만들어야 한다. 논리로는 이해할 수 없지만 마음으로는 모두 이해하는 방법으로 나는 늘 이렇게 아이들로부터 배우고 있다.

> 어떤 모습으로, 어디로 튈지 모르는 옥수수 알갱이들이 오늘도 나에게 긴장하고 깨달으라 한다.

학부모님께
아이와 함께 일기 쓰기

학부모님께
아이와 함께 일기 쓰기

일기 쓰기가 왜 중요할까요?

　세상에는 두 가지 글쓰기가 있습니다. 하나는 다른 사람이 읽어주기를 바라며 쓰는 글, 하나는 자신만이 읽는 글입니다. 일기는 다른 사람을 위한 글이 아닌 자신만의 삶의 기록입니다. 기쁘면 기쁜 기분 그대로, 슬프면 슬픈 기분 그대로, 화나면 화난 기분 그대로 솔직하게 쓰는 자신만의 공간입니다.

　자신이 독자이므로 누가 뭐라고 간섭하지도 않습니다. 간섭해서도 안 되고요. 그래서 일기장 속에서는 어떠한 상상도 가능합니다. 아무것도 의식하지 않고 다양한 생각을 표현할 수 있습니다. 그러다보면 자세하게 살펴보는 관찰력과 깊이 생각하는 사고력이 생기게 되고 솔직한 자기표현을 통해 개방적이고 풍부한 감정을 가진 사람으로 성장할 수 있습니다.

　이렇게 일기는 나만을 위한 글이지만 먼 훗날 자신이 읽게 되는 점을 전제로 하고 있습니다. 유일한 독자이자 평생 독자인 자신을 위해 솔직하게 일기를 쓰는 과정은 훌륭한 글쓰기 연습이 됩니다.

　이와 함께 일기는 자기 생활을 긍정적으로 볼 수 있게 합니다. 아이들의 일기를 훑어보면 기분 나쁜 날보다 기분 좋은 날이 훨씬 더 많습니다. 어느 절망적인 날, 인생이 우울하다고 생각될 때 일기장을 펴 보면 아름다운 날들에 대한 기록이 생각보다 많았다는 것을 느낄 수 있을 것입니다. 쓰지 않았다면 잊었을 평범한 일상 속에 의미를 부여했던 기분 좋은 하루하루를 되새기면서 긍정적인 태도로 자신에 대한 신뢰를 확인합니다.

일기를 바탕으로 한 추억은 앞으로 살아갈 날들을 조금씩 설계해 나가는 데 도움이 될 것임은 자명합니다.

일기 쓰기가 잘 안 되는 까닭이 무엇일까요?

일기 쓰기의 중요성과 교육적 효과를 어른들은 잘 알고 지도하려 하지만 우리 아이들은 어른들의 그러한 마음에 쏙 들 정도로 일기를 잘 쓰고 있지 않습니다. 일기는 국어 교육의 도구가 아닌데 도구로 여기며 지도하는 태도에서 나오는 차이입니다. 현재 이루어지는 일기 쓰기의 몇 가지 문제점을 짚어 보았습니다.

▷ **일기는 국어 지도 방법의 연장이다?**

일기를 통해 맞춤법과 띄어쓰기를 가르치려 한다거나 단어의 습득, 논리적인 글쓰기를 훈련시키는 것은 옳지 않습니다.

일기를 국어 교육의 일부로 인식하게 되면 본래 목적인 자유로운 사고를 통한 일기 쓰기와 멀어져 형식적인 딱딱한 글쓰기가 됩니다. 형식적인 글은 상상력이 퇴화한 건조한 글로 지루하고 따분해질 수밖에 없습니다.

▷ 일기에는 반성이 있어야 한다?

일기를 쓰려고 하면 마음이 무거워진다는 아이들이 있습니다. 왜냐하면 그 아이들은 일기에 하루를 반성하는 내용을 꼭 써야 한다고 생각하기 때문입니다.

일기는 반성문이 아닙니다. 반성을 담고 있어야 한다는 선입견은 일기를 멀리하게 합니다. 일기는 무엇보다 기록입니다. 아무런 목적 없는 생활의 기록만으로도 훌륭한 체험이 된다는 확신으로 일기 쓰기를 응원해 주어야 합니다. 일기를 쓴다는 행위 자체만으로 중요한 의미가 있습니다.

▷ 일기를 평가한다?

글을 잘 쓰기 위해서 일기를 쓰는 것은 아닙니다. 앞에서도 말했지만 사실 일기의 독자는 자신이 유일합니다. 부모님? 교사? 아닙니다. 자기 자신뿐입니다.

단 한 줄의 너무나 평범한 일기라도 그 속에 다른 사람이 모르는 많은 생각이 담겨 있을 수 있습니다.

일기만큼은 글쓴이에게 잘 쓰라고 강요할 수 없는 이유입니다. 짧은 글 안에 이미 세상을 담았을지 모를 일입니다. 특히 일기를 쓰기 시작할 즈음에 아이의 일기에 대해 평가를 하면 쓰기에 대한 부담감은 커져만 갑니다.

일기 쓰기 힘들어하는 우리 아이에게 이렇게 말해 주세요!

일기는 삶의 모습입니다. 살아가는 모습에 더도 덜도 보태지 않고 글자로 옮겨 놓은 것이 일기입니다. 순수한 아이들의 일기를 지도할 때는 일기에 대한 어른들의 편견과 욕심을 던져버리고 가볍고 부드럽게 지도하지 않는 듯 지도하는 방법이 필요합니다.

▷ 꼭 특별하지 않아도 돼.

일기는 특별한 일을 써야 하는 것은 아닙니다. 같은 세상을 사는 아이들 역시 학교 가고, 집에 오고, 학원 가고, 밥 먹고, 놀이터 갔다가 공부하고 빈둥거리는 등 매일 비슷한 일상이 되풀이됩니다.

그런 아이에게 특별한 일을 강요하는 것은 부담이 됩니다. 본 것은 본대로, 들은 것은 들은 그대로, 느낀 것은 그냥 느낀 그대로 쓰다 보면 비슷한 하루 속에서 다른 것을 찾는 눈이 생깁니다.

▷ 매일 안 써도 된단다.

일기 쓰는 일이 습관처럼 자리 잡히려면 매일 써야 좋겠지만 꼭 매일 쓸 필요는 없습니다. 쓰기 싫은 날에 억지로 쓸 필요는 없습니다. 오늘 못 쓰면 내일이 있으니까요.

책상에 앉아 지나친 시간을 다듬는 일. 그 시간은 고요가 찾아오는 소중한 시간입니다. 매일 쓴다는 것보다 매일 생각한다는 태도에 후한 점수를 주세요. 어느덧 날마다 일기 쓰고 있는 모습을 발견할 수 있을 것입니다.

▷ 생각이나 느낌은 안 써도 돼.

사실 생각이나 느낌을 안 써도 된다고 아이들에게 말하고 나면 부모 입장에서는 불안해하실지 모릅니다. 일기를 쓰면서 얻는 효과가 없을지 모른다는 생각이 충분히 들 수 있습니다.

그렇지만 욕심, 욕심을 버려야 합니다. 일기는 사실의 기록에서 출발합니다. 사실을 쓰다 보면 억지로 생각을 쥐어짜내지 않아도 그 속에 느낌이 녹아내린다고 저는 확신합니다. 모든 경험의 형상화에는 반드시 의미가 있습니다.

▷ 네가 어떻게 써도 상관 안 할게.

일기는 자신만이 읽는 글입니다. 그래서 학교에서 아이들 일기를 보긴 하지만 그래도 나의 주관적인 생각을 갖고 보지 말아야 한다는 것을 원칙으로 무덤덤하게 봅니다.

가정에서도 원칙은 지켜주어야 합니다. 일기에 정직한 마음을 그대로 담아낼 수 있어야 하기 때문입니다.

지도하지 않는 듯 지도하는 법, 어렵지만 아이와 나 사이에 믿음을 갖게 하는 중요한 원칙입니다.

▷ 일기 쓰고 하루를 시작해도 좋아.

일기는 잠자기 전에 써야 한다고 생각하는 게 보통입니다. 하지만 자칫 졸음과의 싸움에서 일기를 쓰게 되면 그날 기억은 가물가물 할 것입니다. 가끔 학교에서 아이들과 아침에 일기를 쓴 적이 있습니다. 아침에 쓰니 어젯밤의 일과 학교에 오는 길에 있었던 일을 생생하게 쓰는 모습이 좋았습니다. 일기 쓰는 시간은 정해져 있지 않습니다. 일기를 쓰는 가장 좋은 시간은 가장 쓰고 싶을 때입니다.

▷ 먼저 말로 해 볼래?

어린이들이 말하기보다 글쓰기를 어려워하는 까닭 중 하나가 글쓰기는 형식과 내용을 잘 갖추고 있어야 한다는 오해 때문입니다.

이러한 아이들은 먼저 말을 해보게 합니다. 표현한다는 점은 말하기와 쓰기가 같습니다. 일기에 뭘 써야 할지 망설일 때 차분하게 대화를 함께 나눈 다음 입말을 살려 일기를 쓰도록 하면 훨씬 더 잘 쓸 수 있습니다.

▷ 네 일기장이 얼마나 소중한데.

일기는 나보다 더 나의 추억을 잘 알고 간직하고 있는 녀석입니다. 내가 잃어버린 시간조차 기억하고 있는 녀석입니다.

또 다른 나의 모습인 일기장을 어른들이 소중하게 간직하는 모습, 함께 일기를 쓰는 모습을 보여주는 것이야말로 지도하지 않는 듯 지도하는 가장 좋은 방법입니다.

우리 아이 마음의 힘을 길러주는 일기 쓰기

'추억은 우리 모두가 가지고 다니는 일기와 같다.'는 말이 있습니다. 하루의 기록은 훗날 인생의 추억으로 남아 삶을 살아가는 바탕이 됩니다. 훌쩍 커버린 나에게 일기장은 고스란히 그 시절을 돌려주고 있습니다. 일기가 우리에게 주는 것은 일기가 아니면 대신할 수 없는 것들입니다. 일기 쓰기를 특별하게 시작하지 않았지만 시간이 쌓이면 특별한 일기 쓰기가 되는 이유입니다.

우리 어린이들이 스스로 정말 쓰고 싶은 글을 진실함으로 일기장에 담을 수 있도록 도와주어야 합니다. 한 사람의 과거, 현재, 미래를 모두 볼 수 있는 창은 결국 일기입니다. 일기 쓰기로 과거와 현재를 잇는 평생 자신과의 대화로 지속되어 앞으로의 개인의 삶과 함께 살아가는 다른 사람에게까지 아름다운 향기를 전할 수 있지 않을까요.

> 얘들아, 우리 일기장하고 사귀자.
> 일기장이랑 오래오래 사랑하며 살자.